井手壮平

# 世界の賢人と語る「資本主義の先」

JN030193

講談社＋α新書
プラスアルファ

世界の賢人と語る「資本主義の先」／目次

## 第四章　本当の労働運動とは

## 第七章　そのお金はどこから来るのか――財政健全化論争の真偽

# はじめに

本書は「資本主義」を人々のために抜本的に作りかえる具体的な方策について、約二〇年間、経済記者として活動してきた経験を踏まえて探る試みである。資本主義を経済の基本ソフト（OS）のようなものだとするなら、少なくとも抜本的にアップデートする必要性は明らかだ。実際、巷にはここ数年、「資本主義」がタイトルに入った（主に批判的な立場からの）書籍があふれている。だが、どれもいまひとつ筆者には理念先行に過ぎ、現実世界との接点が乏しいように思えてならない。現実的な解決法を探る本がないならば、自分で書くしかない。そう考えて本書の執筆作業は始まった。

## 夢から覚めた夢

最初に、自戒を込めて自身の来歴を振り返りたい。筆者は規制緩和と自由競争こそが富をもたらすという、いわゆる新自由主義的なパラダイムがまだ無邪気に信じられていた一九九三年に大学に入り、経済学と出会った。今では新自由主義の権化のように思われている竹中平蔵はそこで新進気鋭の人気助教授で、筆者も大いに感化された。繁栄のために必要なのは、新しいプレーヤーが思う存分活躍できるように環境を整えることで、そのためには既得権益を打破しなければならないという主張は、学生にもわかりやすく、古くて邪悪なものと戦うかのような姿勢は率直に言ってかっこよく思えた。ついでに言えば、学生とのやりとりにさしたる関心を持たない教授たちも多い中、竹中はキャンパスで呼び止めて（今から考えれば赤面ものの）初歩的な質問をしても、嫌な顔一つせず、非常にわかりやすい言葉で的確な答えを返してくれた。この人の主張する政策ならば、正しいに違いない。そう思わせる人間的な魅力があった。

時代は冷戦の終結（大学入学時は、ソ連崩壊から二年もたっていなかった）とインターネット革命（特殊な研究機関以外の一般国民へのネットの普及開始と爆発的な情報量の増大）が結びつき、何か新しい繁栄期が始まろうとしている予感があった。今から振り返ると一九八〇年代末からのバブル経済は既に崩壊しており、日本経済の凋落は始まっていたが、それは後知恵であり、当時はそのような自覚はほとんど誰にもなかった。

筆者より上の世代はバブルそのものの狂騒も経験しており、さすがに筆者が大学を卒業するころにはその夢は覚めていたが、日本経済が「失われた一〇年」さらには「失われた二〇年」と呼ばれるほどの長期低落に入っていたとは誰も気付かず、ある種「夢から覚めた夢」

と言っていいような状況だった。

## 小泉・竹中の時代

筆者が共同通信社に入社したのは一九九八年。前年の一一月には北海道拓殖銀行、山一證券が相次いで経営破綻し、周りには就職が内定していたこれらの企業が突然つぶれ、茫然自失となっている学生もいた。筆者が東北の地方支局で記者生活をスタートさせたこの年には、日本長期信用銀行と日本債券信用銀行というエリート金融機関も経営破綻し、いよいよ日本は金融危機の色彩が濃くなっていく。

しかし、今から振り返れば当時は経済の底が割れるのを防ぐことに皆が精一杯で、資本主義経済そのものについて考え直し、それに代わる新たなシステムを構想する余裕など（昔からのマルクス主義者を除けば）誰にもなかった。むしろ、金融危機の原因は経済合理性に反するような取引を重ねた結果として積み上がった不良債権の存在や、不良債権の規模や質をきちんと計上しないというルールの適用不徹底にあり、危機脱出への道は日本特有の前近代的な商慣行を捨て、いわばより資本主義を徹底させることによって開かれるとの思想が支持を得ていたように思う。

筆者が六年間の地方勤務を終えて東京本社経済部に異動したのは二〇〇四年。時は小泉政権で、竹中は民間人ながら経済財政政策担当相兼金融担当相としてまさに経済政策の司令塔を担っていた。

日本は前年のりそなホールディングスの実質国有化を経てようやく金融危機の最終コーナーを回り、世の中のムードは好転していた。政権が掲げた「聖域なき構造改革」を国民の大半は支持し、郵政民営化という今から考えれば必要性もメリットもわかりにくく、いずれにせよ国政の中心課題とするには無理がある争点を巡って翌二〇〇五年には衆院解散・総選挙が行われ、小泉純一郎首相は地滑り的な勝利を収めた。

この間、筆者は自分に「正しい」経済学を教えてくれた竹中の路線を信じ、新しい繁栄の時代が幕を開けようとしていること、そしてそれをもたらすのは規制緩和、構造改革であることを疑っていなかった。局所的な痛みがあったとしても、それは社会全体により大きな繁栄をもたらすために避けて通れないし、避けるべきでもない。

「民間でできることは民間に」

小泉政権時代にさんざん繰り返されたフレーズだ。いくら公共性が高いものであっても、経済合理性や効率などおよそ考えない官僚に任せていては宝の持ち腐れで、経済成長に資するような生かし方はできない。こうした考え方は竹中が初めて提唱したものではないが、この時代に最高の輝きを放っていたように思う。

## リアリティ・バイツ

あれからおよそ二〇年。その後何が起きたかは、もはや多くの人の目に明らかだろう。

まず、二〇〇八年九月にリーマン・ショックが起きた。これ自体が、濡れ手で粟の利益を追求したウォールストリートがアメリカの政治や行政を巻き込んで規制緩和を進めた結果、起きるべくして起きたことだった。大手投資銀行リーマン・ブラザーズの経営破綻に端を発する金融危機は瞬く間に国境を越えただけでなく、製造業やサービス業にまで波及した。国際的には極めて失業が少ない日本ですら、派遣社員や期間従業員といった非正規労働者を中心に失業者が急増した。多くの非正規労働者が寮からも追い出され、東京・日比谷公園に「年越し派遣村」ができたのはこの年の年末だ。

アメリカでは、住宅ローンの支払いに行き詰まって家を差し押さえられ、文字通り路頭に迷う人々が急増した。そんな中、危機を起こした張本人の銀行経営者らが巨額の退職金を手に悠々自適の隠退生活に入るさまを目の当たりにした人々は当然ながら怒り、「オキュパイ・ウォールストリート（ウォール街を占拠せよ）」といった大規模な抗議活動につながった。

待てど暮らせど、富裕層から社会全体に富がしたたり落ちるトリクルダウンなどいっこうに起きない。それどころか、一握りの勝ち組はさらに資産を増やし、中低所得層との差はますます開く。この現実がリーマン・ショックであぶり出され、人々は資本主義そのものに疑いの目をようやく向け始めた。

共産党が非合法化されており、社会主義者というレッテルが政敵を罵るのにいまだに用いられるアメリカですら、社会主義者を自任するバーニー・サンダース上院議員が二〇一六年の大統領選の民主党予備選挙でヒラリー・クリントン上院議員を多くの州で打ち負かし、大統領候補としての指名が現実味を帯びた。原動力となったのは、中流階級が崩壊した後に育ち、親がよほどの金持ちか、自身が飛び抜けて優秀で条件の良い奨学金を得られない限り、巨額の学資ローンを借りないと大学にも行けなくなった多くの若者たちだ。資本主義がもたらすとかつて思われた豊かさとはかけ離れた世界に生きてきた彼らには、資本主義への幻滅こそあれ、社会主義への拒否感はもはやない。

## 広がった幻滅

既存の経済社会秩序への幻滅は、長期停滞から抜け出せなくなった日本でも時間差で広がった。アメリカのように大都市中心部にテント村が広がるようなわかりやすい格差こそない日本だが、総労働人口の四割を占める非正規労働者と正規労働者の雇用形態による格差は覆いがたい。日本では人口減少が静かに進行する危機として語られることが増えてきたが、非正規労働者の未婚率は正社員の約二倍である。未来に希望を持てなくなった若者たちが、未来への希望がないとできないことの筆頭である子づくりをしなくなったのは、当然の帰結としか言いようがない。

比較的恵まれているとされる正社員にとっても、この二〇年間で生活が豊かになったと実感している人はどれだけいるだろうか。資本金一〇億円以上の大企業（金融・保険業除く）の合計で見ても、二〇〇〇年度から二〇二〇年度の二一年間で、株主配当は三・五兆円から二〇・二兆円と六倍近くに増えたのに、人件費は五一・八兆円から五一・六兆円へと〇・四パーセント逆に減っている。株主還元のもう一つの柱である自社株買い（上場企業が自らの株を購入し、消却＝なかったものにすることによって、流通する株式数を減らし、株価が上がりやすくなる手法）も増加ペースが続いている。この間、経常利益は一九・四兆円から三七・一兆円へと倍近く伸びている。日本企業は全体として利益を順調に拡大させてきたが、従業員にその果実は還元されず、ひたすら株主の取り分だけを増やしてきたのだ。

## 消えた「疑う余地」

もう一つ、「資本主義＝唯一永続可能な経済体制」という大前提に疑問を突き付けたのが、地球温暖化だ。これも二〇〇年前の産業革命以降ずっと継続してきたようでありながら、毎年のように起きる洪水や山火事といった切迫した被害を生むようになったのはごく最近のことだ。国連の「気候変動に関する政府間パネル（ＩＰＣＣ）」が「人間の影響が大気・海洋・陸域を温暖化させてきたことには疑う余地がない」と断定したのも二〇二一年になってからに過ぎない。

もちろん、資本主義だけが温室効果ガスを排出する経済体制ではない。だが、富の拡大再生産を運動原理とし、常により多くのアウトプットを求める資本主義が、環境を破壊してでも突き進んでいく経済成長と根本的に結び付いているのは否定しがたいだろう。

こうして、格差拡大と気候危機という二つの根本的な問題を突き付けられ、資本主義はかつてほど絶対的な正統性を持たなくなった。日本で岸田文雄が「新しい資本主義」を掲げ、二〇二一年一〇月に首相の座に就いたのも、人々の中に生じ始めた資本主義への疑念をタイミングよく感じ取り、利用したことが功を奏した。もちろん、どこまで本気で経済の在り方を変えようとしているのかはまったくの別問題であり、残念ながら筆者としては単なるスローガンだったと結論付けているが。

## 対案の在り方

社会主義という競争相手がいなくなり、無敵状態になった資本主義は、イデオロギー上の対抗勢力からではなく、むしろそうした対抗勢力不在がもたらした過度な格差と気候危機という現実の現象から、かつてない挑戦にさらされている。

問題は、対案や解決策を探ろうとすると、哲学者・斎藤幸平のような「〈コモン〉を再建する脱成長コミュニズム」（『人新世の「資本論」』）といった、理念は極めて重要だが、今日ある経済社会の現実からあまりにかけ離れた遠い理想の話になってしまうか（もちろん、理想を語ることにはそれ自体に大きな意味があるが）、経済学者・水野和夫のように「資本主義の先にあるシステムを明確に描く力は今の私にはありません」（『資本主義の終焉と歴史の危機』）とあきらめてしまうか、「資本主義を超える制度は資本主義でしかあり得ない」（政府「新しい資本主義のグランドデザイン及び実行計画」）と開き直るか、大きく分けてそのくらいしか選択肢がないことだ。

## 理論と現実のはざまで

もちろん、これまでさまざまなバリエーションで実際に存在してきた（一部は今でも地球上に存在している）社会主義・共産主義は資本主義に代わる選択肢たり得ない。巨大な官僚組織が支配する中央集権的な計画経済が国民生活を豊かにしないことは、旧ソ連の実験で証明されており、これを再び導入しようと主張する論者は、旧共産主義圏の一部にある「昔は今よりましだった」というノスタルジーを除けば、ほぼ皆無だと言っていいだろう。

そうではなく、やろうという明確な意志さえあれば今日からでも実現に向けて動き出せるアイディアを一つでも多く提示したい。イデオロギー対立にとらわれることなく、夢物語でも現状追認でもなく、どう社会を現実的に変えていくアイディアを提示できるか。それが職業上、理論ではなく現実を追ってきた筆者の問題意識である。

よく誤解されがちだが、経済報道の世界では、経済学の理論はほとんど役に立たない。事実がすべてである。理論は教養の一種として知っておいて損はないが、物事が理論に沿った動きをするとは限らず、理論の勉強をいくら積んでいても、それで経営者や政策立案者の次の一手が見えてくるわけでもない。

そもそも、われわれ記者が日々扱う事象は定義上、最も新しいものばかりであり、そこでは数年後、数十年後に教科書で定着するような新しい考え方や手法が生み出されている。資本主義をどう抜本的にアップデートするのか、あるいはなぜ根本的な改善が必要なのかといった大きなテーマも、体系的な整理は学者に任せ、記者は自分たちで見て、触れるものから描き始めるしかない。その際、少しでも参考にすべき考えを持っていそうな人たちに教えを請い、自分なりに咀嚼《そしゃく》したものをまとめたほうがいいだろう。「世界の賢人と語る」とタイトルに付けたのはそうした事情による。

## 呪縛から抜け出す時

新自由主義の呪縛は相当に強力で、規制は少なければ少ないほうがいい、あるいはそれがどんな事業であれ、民間の営利企業が担える可能性があるなら民営化したほうが効率的に運営でき、そのほうが利用者のためにもなると信じ込んでいる人はいまだに相当いる。それでも、たとえばその対立モデルの一つである福祉国家はどのようなものか、理解はある程度共有されているし、実例も多いのでいつでも参照することができる。このため新自由主義を相対化して批判的に論じることはそれほど難しいことではなく、あとは（長年の刷り込みの成果がいまだに尾を引いている可能性はあるにせよ）好みの問題と言うこともできる。

ところが、資本主義そのものとなると、参照すべき対立モデルは明らかに破綻したものを除けば現実には存在しないため、人々は急に代替策を探し求めることに及び腰になる。下手にシステムを変えて大惨事を招くリスクを冒すくらいなら、最善ではないかもしれないが最も害が少なそうなものとして、資本主義という制度の根幹には手を付けないほうが賢明ではないか――。

恐らく多くの人々が考えているのはこのようなことではないかと思う。新自由主義の問題点は明確に認識している人の中にも、問題は新自由主義であって、資本主義そのものではないと考える人は多い。たとえば新自由主義だけと決別して、それこそ北欧のような福祉国家を資本主義の枠内で追求すればいいのではないかと。

## 漸進改革の限界

残念ながら、世界中の国々がスウェーデンやフィンランドのようになったところで（それ自体が現状よりは、はるかに望ましい方向への変化であると個人的には考えるが）、破滅的な気候変動を止める働きは期待できない。気候危機を考えると、やはりこれまでの資本主義＝拡大再生産とは本質的に異なる経済モデルを構築しないと手遅れになるぎりぎりのところまで人類は来ている。それを実感するのに科学者である必要はまったくなく、有限の地球の上で無限の成長が不可能であることは小学生でもわかる命題である。資本主義からの地殻変動的な移行は、起きるかどうか（ＩＦ）ではなく、今すぐに取りかからなければ手遅れになるという意味でいつ起きるか（ＷＨＥＮ）ですらなく、どうやって（ＨＯＷ）に議論を集中させるべきだというのが本書の問題意識である。

筆者のような凡人の一記者が相手にするにはあまりに壮大な問題であることは百も承知している。だが、「資本主義経済からの転換」という人類史的ともいえる大きな課題を前にしては、とにかく多くの人がそれぞれの立場で、本気でその道筋を考えることが欠かせない。

先に本書の章立てに沿って要約を示すなら、筆者の考える「資本主義の先」とは、国内総生産（ＧＤＰ）という一面的な成長の指標から卒業し、広がる経済格差と気候変動を直視した社会である。そこでは労働運動が本来の在り方に立ち返ることが欠かせない。野放図に民営化を進めるのではなく「公」（パブリック）の果たすべき役割を再評価し、財源についても硬直的な議論を脱し、現実を踏まえた新たな理論を構築すべきだ。そうした試みを進めるに当たっては、人類の持てる技術と、何より想像力を総動員することが求められる。

それらは具体的にどのようなかたちを取るべきなのか。現場を巡り、考える旅にしばしお付き合いいただければ幸いだ。

（原則として登場人物の肩書や年齢は取材当時。敬称は省略させていただいた）

# 第一章　何のための成長か

## 資本主義の定義とは

本論に入るにあたり、まず、最も基本的な用語の定義から始めたい。それは、本書の主題である「資本主義」という言葉がそもそも何を指すのかだ。資本主義という用語を最初に用いたのは、フランス人の社会主義者で歴史家、ジャーナリストでもあったルイ・ブランという人物で、一八五〇年だったとされる。

だが、一八五〇年以降に資本主義が「誕生」したのかというと、そんなことはなく、資本主義を確立させたと広く認識されている産業革命はそれより一〇〇年以上前の一八世紀前半に始まっている。もっと言えば、資本主義の成立を一六〇〇年のイギリス・東インド会社（オランダ・東インド会社だと言う専門家もいる）設立と関連づける向きもあれば、それよりはるか昔の一三世紀、利子率がローマ教会によって公認されたことなどに起源を求める見方もある。

特定の名前を持たないまま誕生し、進化、普及していった経済の在り方に後から名前が付けられ、それが定着したわけだが、定義の仕方は資本主義のどの部分に注目するかによって大きく変わってくる。

## 自己増殖プログラム

では、本書では何を指して資本主義と呼ぶのか。ここでは、資本が利益を生み、その利益が再投資されてさらに大きな利益を生むという拡大再生産のプロセスに注目して議論を進めたいと思う。

すなわち、パン屋が自らのオーブンで焼いたパンを売って儲けても、それ自体は資本主義的生産様式とは言えない。パンを売って得た利益を、より大きなオーブンを買うなどして生産能力を増強することに充てたとき初めて、資本主義の歯車が回り始める。オーナーはいずれ一店だけでなく、二店目、三店目と多店舗経営に乗り出すかもしれないし、ゆくゆくはフランチャイズでチェーン展開を図ることも考えられる。元は単なる個人商店だったのが、今では上場企業となり、売り上げも利益も順調に伸びているのに、新規出店のペースが落ちたというだけで投資家に見限られ、株価急落の憂き目に遭う恐れもある。ここまで来れば、立派な現代的資本主義のプレーヤーの誕生である。このような資本の自己増殖プロセスを指して、本書では資本主義と呼ぶ。

こう考えると、資本主義と経済成長が切っても切り離せない関係であることがよくわかる。人類の歴史上、一六世紀ごろまでは現代で言うところの国内総生産（ＧＤＰ）の世界全

図①　人類の経済成長曲線　世界中の国家のGDPの推移

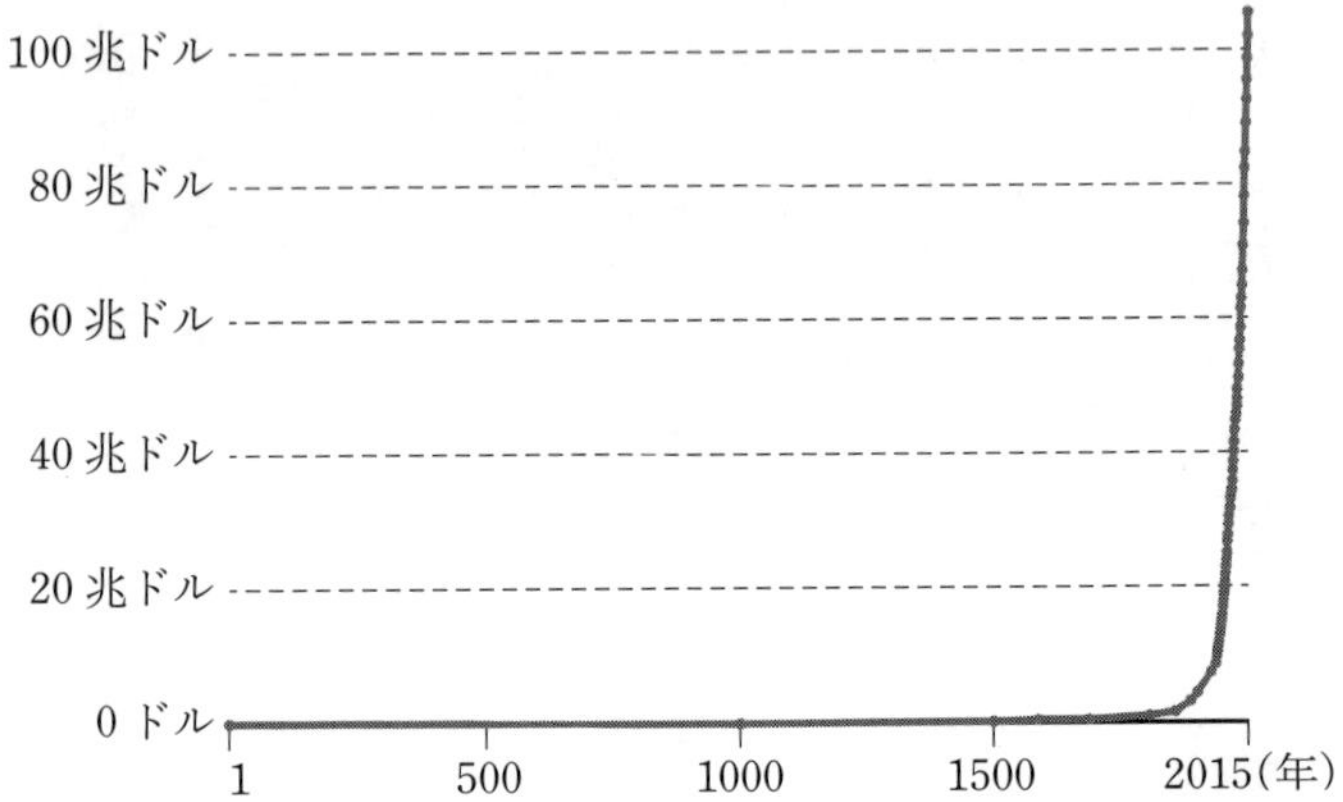


「Our World in Data」より

体の合計はずっとゼロ成長（＝水準にすると不変）の定常社会だったとされる。もちろん、疫病や戦乱などで短期間に減ることはあったが、減った分はその後、時間をかけて取り戻し、ならしてみれば経済規模はほぼ一定を保ち続けるのが普通だった。ところが、産業革命以後、中でも二〇世紀に入ってからは、世界経済は爆発的な成長曲線を描いていく。

もちろんそれをもたらしたのは、先ほど述べたような意味での資本主義の普及である。かくして世界は、それまで経験したことのなかった経済成長を達成するようになっただけでなく、経済とは成長しなければならないものだという強迫観念の下に生きるようになった。そして、その場合の成長とは、ＧＤＰの拡大にほかならない。人類史的にはそのような成長は極めて限られた最近の現象であり、まったくのゼロ成長だった期間のほうがはるかに長いのにもかかわらず、ＧＤＰの増加は瞬く間にほぼすべての国にとって必達目標となった。

永遠に続く資本の自己増殖、その結果としての経済成長というのが、資本主義の副産物などではなく、資本主義そのものだとすれば、地球という有限な空間に暮らし、有限な資源を消費して生きるわれわれの経済は、早晩壁に突き当たることが明白だろう。というより、現に地球温暖化が引き起こしているさまざまな異常気象は、われわれが既に壁に突き当たっていることを如実に示している。

## GDP幻想との決別

ここではさらに、経済成長を図るほぼ唯一の尺度として用いられている国内総生産（ＧＤＰ）の問題点についても指摘しておきたい。

ＧＤＰ統計の歴史は、それほど古いものではない。米国が前身の国民総生産（ＧＮＰ）を最初に発表したのは一九四二年。それまで経済活動量の推計は貨物列車の輸送量や株価といった断片的な情報に頼っていた。一九三〇年代の大恐慌による影響の全容を把握し、第二次世界大戦の戦費を調達するためにもより正確な統計が求められた。

開発を主導した米経済学者サイモン・クズネッツは後にその功績に対してノーベル経済学賞を受賞する。だが、米政府が採用し世界標準となった姿は、クズネッツが思い描いたものとは大きく異なっている。

クズネッツは当初、経済的な豊かさを測るためには、軍事費や投機的な取引など、豊かさにつながらない支出を合計から差し引くべきだと主張したが、政府に退けられた。結果として出来上がった統計は、麻薬取引であろうと原発事故後の除染作業であろうと、政府が何らかの統計情報（推計を含む）を持つお金のやりとりである限り、ＧＤＰに含まれ、「経済成長」にカウントされるようになってしまった。今さらながら無茶苦茶な話である。

一国で一定期間に生じたすべての金銭取引を足し上げるというＧＤＰの基本的な性質は、そうして生じた富がどのように分配されるかは完全に計測の対象外であることも意味する。ＧＤＰが大きくても、所得がごく一部の支配層に集中し、国民の大半は貧困にあえいでいるという事態も起こりうる。

## フローとストック

また、これもよく誤解されるポイントとして、「ＧＤＰ（あるいはもう少し厳密に、一人当たりＧＤＰ）が大きい国＝豊かな国」と思われているが、これも限りなく間違いに近い。

なぜなら、ＧＤＰとは四半期や年度など、一定期間に生み出される付加価値を示すフローの数値であり、その結果積み上がった（あるいは失った）富については何の情報ももたらさないからである。

この点については、英経済紙フィナンシャル・タイムズのデービッド・ピリングが著作『幻想の経済成長』で出している例が何より直感的にわかりやすいので、かいつまんで紹介する。

ゴールドマン・サックスで働き、年収二〇万ドル（約三〇〇〇万円）を得ているビルと、庭師として年収二万ドルのベンがいるとする。どちらが恵まれているだろうか。年収で比べるならば、ビルはベンの一〇倍稼いでいる。これがＧＤＰに相当するものだ。しかし、収入からは見えてこない事実はいくらでもある。実はベンは最近、一億ドル相当の巨大な地所を相続したばかりであり、庭師としての収入は、相続した庭園を週一回、趣味で手入れし、自分自身に名目上、払っている。一方のビルは借金漬けで、月収の半分を住宅ローンの返済に回しているほか、ポルシェのローンの支払いも残っている。言い忘れていたが、ビルは五〇歳手前で、もうすぐリストラされるかもしれない運命にある。一方のベンは一九歳。さて、改めてどちらが恵まれているだろうか。

GDPの限界についての問題意識が伝わっただろうか。GDPの大小で国の豊かさを比べるということは、ビルとベンの年収（フロー）だけを比べ、資産（ストック）を無視してビルのほうが豊かだと結論付けるのに等しい。

フローだけを見ることのおかしさのもう一つの例としては、日本で生きる以上、永遠にそのリスクがついて回る地震が挙げられる。大震災の「経済効果」など、考えるだけでも不謹慎だとお叱りを受けそうだが、フローで（つまりGDPで）見ている限り、家屋や建物の被害を計算に入れる必要はまったくなく、人命という文字通りかけがえのないものの損失ですら、せいぜい投入可能な労働力の減少というとらえ方でしか考慮されることはない。工場の操業停止などによる生産能力の低下を、家や工場、インフラの復興需要が上回れば、GDP上の効果はプラスになることもあり得るのである。

事実、一九九五年一月に阪神淡路大震災があったが、この年の実質GDP成長率（暦年）は二・六パーセントである。東日本大震災のあった二〇一一年ですら〇・〇パーセントと前年比まったくの横ばいだ。二〇一一年の成長率が低かったのは、前年に四・一パーセントというバブル期以来の高成長を記録していた反動とみられており、そうした特殊要因がなかったならばこの年もプラス成長を記録していた可能性が高い。

ただ、ＧＤＰという尺度がこれほどまでに広がったのにはそれなりに理由がある。その最たるものは、国際比較を可能とする点だ。これは広く使われているからますます使われるというだけかもしれないが、世の中の標準など得てしてそんなものである。今のところ、ＧＤＰは経済の大きさを測る世界で唯一の共通の物差しになっており、国際的な比較にはこれを使うしかない。また、経済規模に対してたとえばどの程度教育費や医療費がかかっているかといった、フローの支出を比較する上でも有用であり、本書でも繰り返し出てくる。

## 尺度探し

ＧＤＰの限界を踏まえ、経済規模ではなく生活の質や幸福度を測る試みもあるにはある。国際機関による取り組みに限っても、経済協力開発機構（ＯＥＣＤ）の「より良い暮らし指標」や国連開発計画（ＵＮＤＰ）の「人間開発指数」がある。

平均寿命や教育水準など、経済以外の要素を組み込んだのが特徴だが、ＧＤＰと比べて言及されることは圧倒的に少ない。また、どの要素をより重視するかは人によって異なるため、皆が納得する共通尺度をつくるのはそもそも不可能に近い。

熊本県は「県民総幸福量」の調査を二〇一二年から始めている。夢を持っているかや将来に不安がないかといった「幸福量」を構成する要素を特定し、総合的な幸福度を一〇〇点満点で指数化するという意欲的な試みだ。ほぼ毎年、一八歳以上の三五〇〇人を無作為に選び調査しており、ブータン政府が公表している国民総幸福量（GNH）を参考にしたという。だが、この調査は県民にすら広く関心を持たれているとは言いがたい。熊本県企画課の岩井政樹は「調査の認知度よりも、幸福度そのものを高めていくことが重要だ」と訴える。

各国政府もこうした問題にまったく無自覚なわけではない。着目すべき試みの一つは、二〇二三年五月に新潟市で開かれた先進七ヵ国（G7）財務相・中央銀行総裁会議とその準備段階で日本が議長国として提起した議論だろう。GDPという尺度の限界とそれを乗り越える方法を正面から取り上げ、それぞれの国で始まっているGDPに代わる経済的厚生（ウェルフェア）の算出の事例を共有した。前出のデービッド・ピリングやノーベル経済学賞受賞者で左派経済学者の代表格とも言うべきジョセフ・スティグリッツも呼ばれ、討議に加わった。

メディアにはほとんど注目されなかったが、議論の成果は広島サミット（二〇二三年五月）の首脳宣言にも以下のように盛り込まれた。

「我々は、我々の経済的及び社会的構造がダイナミックかつ根本的な変容を遂げていることを認識しつつ、ウェルフェアの多元的な側面及びこれらの側面を実用的かつ効果的な方法で政策立案に組み込むべきであるということを強調する。このような取組は、G7の中核的価値観である民主主義と市場経済への信頼を維持することに資する」

## 「成長が脱炭素も公平な分配も妨げる」　バルセロナ自治大学教授　ヨルゴス・カリス

脱成長の代表的論者の一人、スペイン・バルセロナ自治大のヨルゴス・カリス教授は、成長こそが脱炭素も公平な分配も妨げると語る。

――**貧困をなくし、格差を是正するためにも成長は必要なのではないか。**

「もしそうなら、米国や英国から貧困はなくなっているだろう。しかし、今でも一九七〇年代と変わらず人口の二割程度が貧困状態にある。国内総生産（ＧＤＰ）は何倍にも増えているにもかかわらずだ。低所得国が生産を増やすことは必要だが、今のところ、世界の経済成長の大部分は超富裕層の懐に入り、貧困層にはわずかしか届かない。

成長を否定するのではなく、成長の果実をより幅広い層に公平に再分配すればいいだけだと思うかもしれない。だが、再分配の話を始めた途端に、いや、それは成長に悪影響を与えるからダメだという反論が出てくる。別の言い方をすれば、成長とは、既に生み出されている膨大な富をより幅広く公平に分かち合うという、必要なことを先送りさせるものなのだ」

**——脱成長より、環境技術による「グリーン成長」を目指すべきではないのか。**

「グリーン成長というのはもう一つの大きな幻想だ。成長には最大の生産を得るために安価な原材料や労働力が必要だ。そのようにして得た利益を、さらに投資してより多くの利益を生むことによって経済は成長する。安い原材料を得るため、われわれは環境から最大限搾り取り、賃金は可能な限り低く抑える必要がある。GDPと、資源の使用度合いとあらゆる種類の環境への負荷には直接的な相関関係があり、これはすぐに変わりそうにない。毎年三パーセント成長するということは、一〇〇年後には約二〇倍の経済規模になっているということだ。二〇倍の経済と、現在の規模の経済を脱炭素化するのはどちらが簡単だろうか。成長そのものがグリーン化という目標の妨げとなるのだ」

ヨルゴス・カリス教授

**——GDPの問題点とは。**

「あなたが自分の弁護士と結婚したとする。これまで報酬を払っていた仕事をただでやってくれるようになれば、GDPは減る。新しい刑務所を建てたり、重油流出事故が起きて処理に追われたりすれば、GDPは増える。GDPは金銭取引だけを計上し、そのお金が良いことに使われているのか悪いことに使われているのかは関係ない。子育てや家事といったお金の介在しない労働もカウントされない。

それだけでなく、グローバル化した経済の中では、GDPはとても誤解を招く指標だ。モノが実際に作られている場所ではなく、それが売られ、消費されている場所で価値が生み出されているかのような印象を与えてしまうからだ。

iPhone(アイフォーン)の価値の八〇パーセント以上は、それが売られている米国市場で計上されるが、iPhoneはほぼすべて中国での低賃金労働で作られている。賃金がとても安く、アップルが完成製品に支払う金額が極めて低いため、ほとんどの価値は米国内で生み出されているような幻想を与えるが、これは誰が実際の富を生み出しているのかについてかなり歪んだ像を作り出している」

**――ウクライナでの戦争は、グローバリゼーションの時代を終わらせたように見えるが、グローバリゼーションの終わりは良いことか。**

「わからない。反グローバリゼーション運動は国際主義的なもので、野放しでの資本の移動や、それに伴う自然や人々の搾取に反対していた。人々や文化の交流や移動、協力に反対していたわけではない。いま起きていることは帝国主義的な覇権争いの再来であり、帝国の一部に組み込まれることは、野放しのグローバル経済に取り込まれるのと同じくらいひどいことだ」

**——脱成長は共産主義なのか。**

「私は自分のことをエコ社会主義者だと考えている。共産主義という言葉には歴史的な重みがありすぎる。私の母と母方の祖父はともにギリシャの軍事独裁政権下で、共産主義者とみなされ投獄された。彼女は人権活動家となり、ソ連や共産主義が実際の生活にもたらしたものを批判した。

一方、一九七〇年代や八〇年代のイタリアで、共産党が統治していた地域は住むのに素晴らしい場所だったとも思う。コモン（共有財）という概念や、私たちが受け継いだコモンを皆で子孫に手渡すといった共産主義の理念には、今なお有益なものもある。保守的な経済学者たちですら、コモンとは人間活動の優れた形態であるという当たり前のことを言った故エリノア・オストロム氏に（二〇〇九年の）ノーベル経済学賞を贈ったくらいなのだから」

×　×

ヨルゴス・カリス　一九七二年ギリシャ生まれ。専門は生態経済学。編著『なぜ、脱成長なのか』（ＮＨＫ出版）は日本でも出版された。

## まとめ　経済成長という目標は正しいのか

岸田文雄首相は二〇二三年一〇月第二一二回臨時国会の所信表明演説で、「経済、経済、経済」と三度繰り返し、経済重視の姿勢を強調した。ここで念頭にあったのは、国内総生産（GDP）の増加だったと考えて間違いないだろう。憲政史上最長を記録した安倍政権ではより直接的に「名目GDP六〇〇兆円」という目標を掲げたこともあった。

もちろん、国民に必要な食料が行き渡らないような最貧国の場合は、経済成長は必要だ。だが、必要なものはすべて国内にあり、あとはそれをどう分配するかだけという日本においても経済成長こそが、政権が最優先で実現すべき課題だととらえられ、その「成長」は、GDPという戦時中に作られた問題だらけの指標でしか事実上、測ることができない。それは言うならば、古くて不正確な海図を頼りに、間違った目的地を目指して航海するようなものではないだろうか。

脱成長という考え方に対する反論としては、量の拡大をやめて質の向上を図ればいいではないかというものがある。理屈の上では、量を増やさずに質を高めることによって、計算上のＧＤＰを増やす、つまり経済成長を達成することも、ある程度は可能だろう。たとえば、食べる量を増やさなくても、すべての食材を有機栽培や自然農法で作られた高価なものに変えたほうが、ＧＤＰ拡大には寄与する。また、そのほうが環境にとってより望ましいのは間違いない。あるいは洋服でも、遠い外国の工場で劣悪な労働環境のもとで作られ、数回着たら飽きて捨ててしまうようなファストファッションではなく、地元の職人が環境に配慮して生産された素材で作ったものを皆が選ぶようになれば、量の拡大による大量生産・大量廃棄なしにＧＤＰを上げることができるという考え方もある。

だが、量の拡大から質の向上への転換は、皆がそれを志向すれば今より多少はましかもしれないが、それが本質的な解決策になることはない。それだけでこれまで量的拡大がもたらしてきたような経済成長を達成できるとは考えにくく、何より、財やサービスを提供する企業からすれば、量も質も追うのが最も合理的だからである。少しでも差別化して付加価値を高めた上で、同じ差別化の力で過去の商品を短期間で見劣りさせ、少しでも高い頻度で買い換えるように消費者を誘導するというのは、スマホから自動車まで、あらゆる商品カテゴリーで起きていることである。

最近、欧州を中心に盛り上がりつつある「脱成長」の考え方は、何も新しいものではない。環境問題との関連で近年、再評価の気運が高まる一九世紀英国の経済学者ジョン・スチュアート・ミルは産業革命の当初から、拡大も縮小もしない「定常状態（stationary state)」を提唱していた。だが、そうした考え方が主流になることは資本主義社会ではこれまで一度もなかった。経済成長を至上の目標として追わなくなってしまったら、金融業から製造業に至るまで、儲ける機会が大幅に減ってしまうからである。

新しい豊かさの尺度探しは緒に就いたばかりであり、GDPが一国の経済的パフォーマンスのほぼ唯一の指標として参照され続ける状況に当面変わりはないだろう。より現実的には、GDPが何か別の指標に置き換えられるというよりは、人々が「豊かさ＝GDP」という価値観を改め、政治にも優先順位の変更を求めたとき初めて、GDPはだんだんとその重要性を失い、別の指標がより重視されるようになっていくのだろう。

# 第二章　格差を巡る言説と実像

## 格差社会は本当か

「日本は格差社会なのか」――。

まずはこの極めて基本的な問いかけから考えてみたい。格差がまったく存在しない社会というのは存在しないので、一般的に「格差社会」という言葉に込められた意味としては、多くの人が許容できる範囲を超えて貧富の差が激しくなってしまった社会、あるいは不平等の水準よりもこの「なってしまった」の部分に着目し、過去と比較して著しく格差が拡大した社会を指すといっていいだろう。

いずれの場合も、日本だけで「格差が深刻だ」「いや、大したことない」と論争してもしかたがないので、国際的、歴史的な比較が重要な意味を持つ。また、世界にはさまざまな発展段階の国がある中で、天然資源を独裁者とその取り巻きが私物化しているような国と比較して「日本はいかに平等なことか」と安心する人もあまりいないと思われるので、法の支配が確立された他の先進国との比較が最も重要となる。

日本はかつての「一億総中流」だった平等な社会から、厳然たる格差社会になってしまい、しかもその格差は広がり続けているというのが、恐らく多くの人の受け止めだろう。メディアでも多くの政治家の言説でも、日本が格差社会であること、また、その格差がさらに拡大していることは、ほぼ自明の事実として扱われている。

格差拡大の原因としては、中曽根康弘政権（一九八二〜一九八七）の国鉄や電電公社の民営化や、小泉純一郎政権（二〇〇一〜二〇〇六）の派遣労働対象業種拡大といった新自由主義的経済政策で、意図的に弱肉強食化が進められたとの見方もあれば、誰かが意図をもってもたらしたというよりは、経済全体がグローバル化する中で、日本の労働者も中国をはじめとする低賃金国と競争せざるを得なくなり、必然的に賃金が下のほうに引っ張られていって起きたという見方もある。

## ジニ係数は絶対か

格差に関するデータをおさらいしておくと、最も一般的に用いられるのは所得に関する「ジニ係数」である。ゼロから一までの間で、ゼロは完全な平等（全員が同じ所得）、一は完全な不平等（一人がすべての所得を独占し、ほかの全員は所得がゼロ）を意味する。経済協力開発機構（ＯＥＣＤ）によると、ジニ係数（所得再分配後）で見た日本の不平等度は、ＯＥＣＤ三八ヵ国中、一一番目に高く、格差は大きい部類に入る。

ただし、ジニ係数が格差に関する唯一絶対の指標なのかというと、そんなことはない。ジニ係数の問題点として指摘されるのが、人口の大半を占める「普通の人」に関する所得のばらつきを測るには有効だが、上位一パーセントや〇・一パーセントといった「かなりのお金持ち」がどの程度その他の人々と比較して所得を得ているかといった格差を見るには適していないというものがある。また、不平等度を見るには、所得よりも資産の偏在度合いを見たほうがいいとの考え方も当然あり得る。

こうした観点から、日本は（少なくとも国際比較においては）格差社会とは言えないと主張する専門家が一定数いるのも事実だ。たとえば一橋大の森口千晶教授は、上位〇・一パーセントの超富裕層、一パーセントの富裕層の所得が国全体の所得に占めるシェアの日米比較や、日米大企業の役員報酬の差などから、「世界的なトレンドとは異なり、『富裕層の富裕化』は観察され」ず、「現在の相対的貧困率が国際的にみても歴史的にみても高い水準にあるという理解」も「正しくない」と分析する。その上で、日本は「アメリカ型の『格差を容認する社会』になったのではなく」、男性正社員が一家を養うという古いモデルを前提とした社会保障システムが、非正規雇用の増加や非婚率の上昇といった社会変化に追い付かず、「なし崩し的に『格差の広がった社会』になったといえる」と結論付けている（内閣府「選択する未来2・0」二〇二〇年四月一五日・第六回会議提出資料「比較経済史にみる日本の格差　日本は『格差社会』になったのか」）。

森口氏に改めて見解を尋ねてみた。森口は「『格差社会』という言葉が先行して、多くの人が日本も格差社会になったと思っている」と語りはじめた。その上で、世の中の大半の人が格差を良いことだと思っていないという点で「日本は格差社会なんかじゃないんですよ」と断言した。「貧困層が拡大し、固定化されているのは事実だ」と認めつつ、「多くは高齢化で説明できる」として、世の中の格差論がイメージ先行であることに不満を漏らした。

また、『21世紀の資本』で一世を風靡したフランスの経済学者トマ・ピケティらによる「世界不平等研究所（World Inequality Lab）」がまとめた「世界不平等報告書」も、日本は所得格差に関しては一九八〇年代以降、増大傾向にあるとするものの、資産格差については「とても不平等だが、西ヨーロッパ諸国より不平等というわけではない」と指摘。「一九九五年以降、資産のシェアはほぼ安定している」として、富の偏在が広がっているとの見方を否定する。

## 「EU並みの規制導入で時間稼ぎを」　早稲田大学教授　橋本健二

長年格差問題を研究してきた学者の立場で、日本国内の経済格差をどう見ているのか。早稲田大の橋本健二教授（社会学）に話を聞いた。

**――本当に格差は広がっているのか。**

「これは明らかに上が豊かになって、下も貧しくなっている。実際に政府の所得再分配調査統計からもその傾向は非常に明らかで、一九八〇年ごろから一貫して上のほうが豊かになって下のほうは貧しくなっている。ただ最近では、少し格差の拡大が止まるというか、縮小はしていないが、停止する傾向はやや見えている。だが、元に戻ったわけではない」

**――格差縮小はいつごろどのような要因で。**

「ここ数年だ。理由ははっきりしていて、年金制度がうまく機能するようになってきたこと。昔はたとえば自営業の人なんかは年金の保険料を払っていなくて、無年金の人がかなり多かった。自営業の人というのは高度経済成長期以来、ずっと減少してきて非常に数が少なくなった。しかもこれらの人々も年金保険料を払って老後の基礎年金をもらえるようになった。そのために高齢者の中の格差が縮小し、そのことでやや格差拡大に歯止めがかかった。ただ若い世代では非正規労働者が増え、依然として拡大が続いてきているとみていい」

**――ジニ係数でみると日本はＯＥＣＤ諸国でも格差が大きい部類に入るが、いまだに日本は平等だと思っている人が多い。**

「一九八〇年代から一九九〇年ごろにかけて、日本は先進国の中では北欧諸国と並んで平等な国だという認識が広まった。当時の統計ではたしかにそういう傾向が見られたのだが、それが一億総中流とか、九割中流というような変な言説に膨れ上がっていって、私もその世代だが、若いころにそういう話を聞かされ、刷り込みを受けて、固定観念になってなかなか修正されない。だから研究者の中でも、なんとか格差は拡大していないんだっていう証拠を探してきて、それ見たことかと得意顔で発表する傾向が今でもある」

**――一九八〇年代においては真実だった？**

「八〇年代と言っても、統計には遅れがある。日本で一番格差が小さかったのは一九七五年前後と言っていい。そのころ取られた統計で国際比較をしたものが、一九八〇年ごろに公表された。ちょうどそれが、政府の『国民生活に関する世論調査』で自分が中流だと考えている人の比率が九割だという結果が大変に話題になった時期と重なっていた。それで九割中流

橋本健二教授（写真提供、共同通信社）

という言説が生まれて、これが定着していったということだ。ちなみに政府の世論調査は選択肢が五つあって、選択肢が上から順番に上、中の上、中の中、中の下、下。真ん中の三つが中。三つ合わせると『中』の比率が高くなるのは当たり前。国際比較で同じような調査が行われているが、それによると、発展途上国を含めてほとんどの国で『中』三つの合計が九割になる」

**――「総中流」は意図的に作り上げられた像だったのか。**

「実はあの調査は一九四八年から始まっており、最初から選択肢はその五つだった。それは変わってない。でも初期には『中』の合計は八割くらいにしかならなかった。で、同じ質問をしてずっと続けてきたところ、その間に日本人は豊かになったので、今まで中の下と答えていた人が中、下と答えた人が中の下など、ちょっとずつ皆、上のほうの回答を選ぶようになってきた。それで『中』が九割に達した。だから別に、高度経済成長期になってから『中』を増やそうと意図的に設計された調査ではないが、貧しいころに作られた調査票をそのままずっと使い続けてきたので、回答もどんどん変わってきたということだ」

## ――日本の格差の特徴は。

「第一の特徴は相対的貧困率が非常に高いということ。先ほど話があったようにＯＥＣＤ諸国の中で先進七ヵ国（Ｇ７）にはいくつか日本よりジニ係数が大きい国もあるが、それらの国の中で日本よりも相対的貧困率が高いのはアメリカだけ。ジニ係数の大きさは中の上か上の下くらいだが、相対的貧困率はアメリカに次いで二番目に高い。

もう一つの特徴は、富裕層の中の超富裕層と呼ばれる人々の数が他国に比べてあまり多くない。少なくとも年収何百億円という人はかなり少ない。海外の企業、特にアメリカでは大企業の経営者が何百億円ももらうことはわりとよくある。日本でもたとえば日産とかソニーといった会社の経営者で数十億円程度もらうということはあるが、多くの大企業では取締役でもせいぜい一億円とか二億円程度でとどまっていることが多い。その二つが特徴だ。

それでも高度経済成長期と比べると、格差はだいぶ拡大した。高度成長期は、大企業経営者の年収がせいぜい二〇〇〇万円とかそのくらいのレベルだった。今日のように格差拡大が本格化する前のバブル経済の時期でもせいぜい三〇〇〇万円程度だった。それが今では一億円が当たり前。格差が拡大したのは間違いない。

しかも、高度成長期には非正規労働者が非常に少なかった。当時も非正規労働者はいたが、その人たちはどういう人かというと、第一にパート主婦、そして定年後の嘱託や学生アルバイト。いずれも人生の一部の時期だけ非正規で働く人々。定年後の人は定年前までは正社員で働いていたわけで、主婦も結婚から出産までは正社員で、あとは学生ぐらいだった。それが今では、学校を卒業してすぐに非正規労働者になってそのままという人が増えている。高度経済成長期の経営者と平社員の比較をした場合と、現在の経営者と非正規労働者の比較をした場合では、明らかに格差は拡大している」

**——非正規労働者の増加は、派遣法改正などの法改正の結果か。この結果は最初から見通せていたのか。**

「今から考えれば見通せたはずだと思うが、見通せなかった。こんなにも非正規労働者が増えた原因は、派遣法の導入や、派遣法改正で範囲が広がったことももちろん大きい。だが、今日、非正規労働者に占める派遣労働者の比率はそれほど大きくない。より大きいのは、契約社員や形式上の業務委託（フリーランス）といった雇用形態だ。

非正規労働者というのは人生の一時期だけやるものだから、待遇を改善する必要はそれほどないというふうに考えられてきた。たとえば夫が正社員で、ちょっとお金が足りないので家計を補助するためにと主婦がパートをやった。あるいは嘱託は定年後、暇だから働いているだけとか、学生アルバイトは学費を稼ぐために働いていただけで、ずっと非正規で働き続けるつもりはない。だから非正規労働者の賃金水準は低くていい、どうせ女性や子どもがする仕事だから、雇用を守る必要もないという考え方でやってきた。
それが改善されないままにバブル期を迎えて、若者たちが学校を卒業してすぐにどんどん非正規労働者になるような状態になった。それでも基本的に非正規労働者の待遇は改善されないできた。近年になってようやく最低賃金が少しずつ上がってきて、非正規労働者の賃金も少しは上がるようになったが、あまりにも遅すぎた。正規・非正規の二極化は、何かを積極的に変えたからというより、何もしてこなかったからといったほうがいい」

**――そもそも非正規労働者が増えたのはなぜか。**

「それは簡単で、企業が人件費を節約するために増やしてきたからだ。日本の企業が非正規の比率を高めるのは、何回か繰り返されている。
一番目が高度経済成長期の終わった一九七〇年代の終わり。つまり高度成長が終わり、オイル・ショックがあり、不況になる。その時に当然企業としては雇っている人のほとんどが正社員で、正社員はクビにすることはできない。それで経営が苦しくなって困った。オイル・ショックから立ち直って安定成長期に入るが、その時に正社員を増やさないで非正規労働者を増やすという方向に舵を切った。この時に大幅に増えたのが、パート主婦と定年後嘱託だ。

その次は何かというと、バブル期。バブルの時期、労働力がどんどん必要になるが、この時、企業は人手が必要になったからといってそれを全部正社員で賄うとなると、バブルが壊れたときに困ることになると。そこで正社員の増加はほどほどに抑えておいて、非正規を拡大した。この時に新たに非正規になったのが、フリーターと呼ばれた若者たちだ。これがバブルのころに登場するが、当時は若者たちもいい時代だと思っていたから、一時期フリーターでもまた正社員になれると思っていた。しかも、フリーターという働き方を先進的でかっこいいものだという演出がリクルートなどによって行われた。

そしてバブルが崩壊すると、今度はもう正社員は増やさない、必要な労働力は非正規で調達するとなった。同じことが一九九〇年代終わりの不良債権問題と経済危機からの回復過程でも起こり、さらに二〇〇八年のリーマン・ショックの後でも起きる。つまり何度にもわたって、日本の企業は経済危機が来るたびに正社員の採用を縮小し、回復過程で非正規社員を増やしてきた。これで非正規の比率がどんどん上がってきた。非正規の比率は一貫して上がってきたが、よく見ると階段状の増え方をしている。不況期はまったく雇用を増やさず、不況からの回復過程で非正規を増やしてきた」

**――格差を研究してきて、「これはまずい」と思ったのはいつか。**

「フリーターという言葉が一九八〇年代の末に生まれて一〇年くらい経過したあたりだった

と思う。フリーターと呼ばれた人たちが、そのまま歳をとっていった。で、中高年フリーターというのが生まれる。もともとフリーターの定義というのは三五歳未満だった。非正規労働者で三四歳以下、ただし既婚女性は除くというのが定義だった。ところがフリーターになってそのまま一〇年経って三五歳以上になる人が出始めた。ある人はこれを中高年フリーターと名付けて、これが今後激増すると主張した。この時にこれはまずいと思った。フリーターが一時的な状態で済んで、数年間やって正社員になれるのであれば、そんなに大きな問題ではないが、そのまま中高年になっていくとしたら、毎年毎年何十万人も増えていく。そうすると、最初にフリーターになった人たちが引退する四〇年後になれば、それは当然何百万人、一〇〇〇万人近くになるはず。

これが実際に起こり始めているんじゃないかと危機感を感じたが、それからもう二〇年たつ。あるシンクタンクの、二〇〇一年をベースにして二〇〇六年、二〇一一年、二〇一六年、二〇二一年と中高年フリーターがどれくらい増えていくかという予測が、ほぼこの通りになった。これよりもさらに多いくらい。私も最近、一番新しいデータで計算したが、これによると中高年フリーターが三一〇万人を超えている」

――**格差縮小には何が必要か。**

「一番必要なのはまず最低賃金の引き上げだ。本当は非正規労働者を減らす必要があるが、なくすのは無理だと考えている。そういう働き方を望む人がいるのも理由だが、完全になくしてしまうと多くの産業が成り立たない。

たとえばお酒を出す飲食店で午後五時からしか営業しないという業態や、季節によって変動が大きい観光業。そういう分野で非正規労働者をなくすのは難しい。だったら最低賃金を、たとえば一五〇〇円にしたら、二〇〇〇時間働くと年収三〇〇万円になる。標準的な労働時間として年間一六〇〇時間だとすると、年収二四〇万円。これはごく大雑把に言って、高卒の正社員初任給と同じくらいだ。それくらいは出して当たり前だろうと。高校を出たばかりで何も仕事ができない人と同じぐらい給料があるのは当然だ。それくらいまではせめて引き上げる必要がある。

最低賃金を引き上げろというとすぐ、それでは中小企業が立ち行かず、失業が増えるという反論が出る。だが最低賃金を引き上げると雇用が縮小するというのは事実に反することが、多くの研究で明らかにされている。たとえば、二〇二一年にノーベル経済学賞を取ったデービッド・カード（カリフォルニア大学バークレー校教授）による、最低賃金を引き上げた州と据え置いた州の比較研究がある。

もう一つは労働時間の短縮、ワークシェアリングだ。正社員が増えないのはなぜかといえば、正社員の労働時間が長すぎるから。だから労働時間規制をもっと厳しくして、たとえば

EUなんかでやっているように、一日八時間、時間外を含めて週四八時間を超えて働くことを禁止してしまうとか。病院など一部の業態では無理かもしれないが、完全に禁止してしまう。今も労働基準法で原則禁止のはずなのだが、抜け道が多すぎる。そうすると人手不足になり、当然賃金は上がる。こういうかたちで格差が縮小する。

最後は生活保護制度の改革だ。いま生活保護の捕捉率（受給資格がある人のうち、実際に給付を受けられている率）はまだ一五パーセントから二〇パーセントくらいと言われている。欧州やアメリカだと、だいたい七〇～九〇パーセントだ。

生活保護制度の捕捉率が低い理由はいくつかあり、一つは悪評高い水際作戦。窓口に来たら、子どもや兄弟に養ってもらえと言って追い返すというやり方だ。それは大きな問題なのだが、一番効いているのは恐らく資産条件だろう。貯金を持っていると生活保護は受けられない。今の生活保護制度の運用だと、大体最低生活費の半分までしか貯金を持っていてはいけない。受給手続きに半月くらいかかるので、それくらいの生活費分は持っていてもいいが、それ以上持っていてはいけないということになっている。その結果、親の葬式代を持っておきたいとか、子どもの入学金くらいは持っていたいというふうに貯金を持っていると、生活保護を受給できない。

新たに受給するに至った理由で、今一番多いのは、失業したからでも病気になったからでもなく、貯金がなくなったからというものが一番多い。貯金を取り崩して取り崩して、完全になくなってしまってめでたく受給者になるという状態は明らかにおかしい。せめて一〇〇万円くらいは貯金を持っていいという制度にするべきだ。あとはやはり生活保護受給者に対するバッシングとか偏見だ。これは正さなければいけない。政府が積極的に、生活保護を受けるのは国民の権利であると言うことで、何も恥ずかしいことではないという発信をもっとするべきだ。生活保護は地方自治体が四分の一負担する仕組みだが、国民の最低限度の生活を保障するためなのだから、全額国費にすべきだ。全額国費負担ということになれば、地方自治体は地域経済の活性化のためにも貧困層を積極的に掘り出してくるはずだ」

――**格差拡大が原因で資本主義が行き詰まるという見方に賛成か。**

「このままでは世界が破滅すると思う。環境負荷の問題もあるが、格差拡大と貧困の増大そのものが社会を壊していく。今の資本主義が行き詰まっているという大きな理由には格差と環境の二つがあると思うが、問題は、資本主義にとって代わる社会のデザインというのがわからないこと。それを実践する主体もいない。ここが問題で、だからこのままでは世界は滅びると私は思う。

新しいシステムができるまでの間、当面何をするかということを考えなければならないが、格差の問題についても環境問題にしても、現状では一番進んでいるＥＵの基準を世界共通のものとして定着させるというのが、とりあえずの時間稼ぎにはなるだろう。環境基準に加え、たとえば正規と非正規の間に待遇の差を設けてはいけないとか、労働時間を厳しく制限するとか。

それから社会保障できちんと所得再分配をする。これらを現在ＥＵが採っている方法を最低限のラインとして、全世界で導入するということが第一歩だ。それで時間稼ぎをしている間に、なんとか新しい経済、政治の姿を考えていくというのが現実的な方法ではないか」

×　×

はしもと・けんじ　一九五九年、石川県生まれ。専門は社会学。『中流崩壊』（朝日新書）など、格差に関する著書多数。

## まとめ　たしかに雨は降っている

格差を定量的に示す試みは、どの指標を使うかなどによって結果が大きく変わってくる。先進七ヵ国（G7）内の比較で言えば、所得に関するジニ係数で見ると日本は米英に次ぐ格差大国となる。だが、トップ一パーセントがどれだけの資産を持っているかで比較すれば、日本は英国とイタリアに次いで平等な国との評価もできる（世界不平等研究所データベース）。これらのデータは橋本氏も指摘するように、公表までのタイムラグが大きく、データが揃った時には潮目は既に変わっている可能性もある。

筆者が好きなジャーナリズムに関する格言に、「一方が外は晴れていると言い、もう一方は雨が降っていると言うとき、記者のすべきことは両論を併記することではない。外に出てその目で確かめることだ」というのがある。

これに従い、二〇二二年の大晦日に特定非営利活動法人（NPO）「TENOHASI」による東京・池袋でのホームレスの人々への炊き出し（食料配布）の現場を取材した。筆者の予想を大きく上回る三〇〇人近くの人々が寒空の下、並んでいた。清野賢司事務局長は

「昔は五〇歳でも若く、三〇～四〇代もほとんどいなかった。だが、この二～三年は二〇代も珍しくなくなった。以前は一～二パーセントしかいなかった女性も一五パーセント程度に増え、中には子連れで並ぶ女性もいる」と、生活困窮者の若年化に危機感をあらわにしていた。また、食料配布に並ぶ人の数自体も、これまでの最高だったリーマン・ショック直後を超え、記録を更新していた。

一方で、東京都心部にある高級輸入車販売店ではまったく違う光景が広がっていた。この店が扱うスポーツカーは、最低でも一台二五〇〇万円。高い車種は四〇〇〇万円を超す。だが、どのモデルも納車まで二年待ちだという。

セールスの男性は「新型コロナが始まり、ほんの一時期売り上げは落ち込んだが、今は完全にコロナ前以上に売れている。株高で資産が増えた人や、元々お金があり余っていた人たちが、海外旅行に行けないので『車でも買っておくか』と来ている」と話した。

これらはいずれもアネクドータル（逸話的、局所的）な材料に過ぎず、これをもって全体のトレンドを判断することはできないが、筆者が実際に見てきた光景である。そこには統計の数字には表れない手触りが存在する。なお、日本自動車輸入組合によると、一〇〇〇万円以上の超高級輸入車の販売は二〇二一年、前年から二三パーセントもの増加を記録し、二万八〇〇〇台に迫った。全輸入車に占める一〇〇〇万円以上の車種のシェアは初めて一〇パーセントを超えた。

よりマクロな統計としては、野村総合研究所が発表する富裕層（純金融資産が一億円以上五億円未満）と超富裕層（同五億円以上）の世帯数があるが、これらの合計が二〇二一年に過去最多を更新した（実数は一四八・五万世帯）というデータとも符合する。一方で、中間層の暮らし向きは良くなるどころか、悪化している。厚生労働省の「国民生活基礎調査」によると、二〇二一年の世帯所得の中央値（平均ではなく、上から下まで順番に並べた際に真ん中にくる世帯の所得）は四二三万円で、一九九五年の五四五万円から大きく下がっている。日銀などで構成する金融広報中央委員会の「家計の金融行動に関する世論調査」によると、金融資産がゼロという二人以上世帯は、一九九五年の七・九パーセントから、二〇二一年には二二・〇パーセントと、三倍近くに増えている。

雨が降っていることは、明らかだと言っていいだろう。

# 第三章　温暖化で起きていること

## ある漁師の嘆き

二〇二二年二月下旬の朝、東の空がうっすらと白み始めるころ、漁師の松木良文（五二）は、愛媛県西条市の河原津《かわらづ》漁港から船を出した。父親から受け継いだ旧式の漁船が、ディーゼルエンジンの低い音を響かせながらゆっくりと沖へ進む。対岸に広島県を望む瀬戸内海・燧灘《ひうちなだ》の漁場で網を下ろす。

一二月から三月まで許可されている「マンガン漁」と呼ばれる漁法で、底引き網の一種だが、海底に触れる部分に熊手のようなかぎ爪が付いている。砂の中にいる魚介類をかき出して捕獲し、何が獲れるかは網を揚げてからのお楽しみだ。

だが、網を揚げた松木の表情はさえない。かかっているのはヒトデや、ヨリエビと呼ばれる小さなエビばかりで、稼ぎ頭だったクルマエビとワタリガニがまったくいないのだ。日本でも有数の漁場だったのが、今は見る影もない。漁獲量の減少に、ウクライナでの戦争を受けた燃料用重油の値上がりが追い打ちをかける。

大きな異変に気付いたのは、二〇一九年から二〇年にかけての冬の漁期だった。普段なら、通常の底引き網を行う夏のほうがよく獲れるクルマエビが、なぜか冬によく獲れた。そして次の夏、ワタリガニとともにほとんど姿を消した。

若いころ、一年半ほど地元のタオル工場に勤めた以外は、ずっと海の上で生きてきた。「海が変わってしもうた。この調子が続いたら漁師をやめないかん。不安でしょうがない」

不漁の大きな原因とみられているのが、温暖化による水温の上昇だ。平均水深が二四メートルと浅い燧灘は、とりわけ気温上昇の影響を受けやすい。香川県が公表しているこの海域の平均水温は二一年二月、九・九℃で、一〇年前より一・九℃も高かった。大気中と比べて温度の変化幅が狭い水中で生きる生物にとっては、極めて大きな変化だ。

## 大絶滅時代

世界気象機関及び国連環境計画により設立された「気候変動に関する政府間パネル」（IPCC）は二〇二一年八月に公表した報告書で、温暖化は従来の分析よりも速いペースで進行していると指摘。人間が温暖化を起こしていることは「疑う余地がない」と結論付けた。

さらに二〇二二年二月の報告書では、産業革命前に比べて気温が二℃上がれば、最大三〇億人が水不足に陥る恐れがあると警鐘を鳴らした。

ドイツとベルギーでは二〇二一年七月、合わせて死者二〇〇人以上を出す洪水が起きた。米国などでは山火事が深刻さを増し、日本でも「数十年に一度の大雨」が近年、頻発している。

人間以外の生物への影響も甚大だ。ＩＰＣＣは、一・五℃の気温上昇にとどまったとしても、生物の最大一四パーセントが非常に高い絶滅リスクに直面するとしている。

恐竜が滅んだ白亜紀後期などと同様、自然に起こる絶滅とは比べものにならない速度で絶滅が進む「大絶滅時代」に既に入っているとされる。世界中で気候非常事態宣言が相次ぐが、行動への道筋は見えない。

**増殖か追放か**

グローバル経済の限界を指摘してきた経済学者の水野和夫は、こうした環境危機と資本主義には切っても切れない関係があるとの見方を示す。根底にあるのは、経済を成長させる原動力になってきた「競争」そのものだ。

「もう十分儲けたからこれ以上成長しなくていいという企業は、株主に見放され、他社に吸収・合併され消滅してしまう。自己増殖して資本を永久に増やしていかない限り、市場から追放されてしまうのが資本主義だ」

経済原理を使って温暖化を食い止めようとする試みもある。カーボンプライシングと呼ばれる、温暖化をもたらす二酸化炭素$CO_2$の排出に税金などでお金がかかるようにする仕組みだ。

だが、日本では産業界の声を受け、地球温暖化対策税は二酸化炭素排出量一トン当たり二八九円にとどまる。スウェーデンの約一万八〇〇〇円などと比べてあまりに低い水準だ。

自然エネルギー財団事業局長の大林ミカは「税そのものを欧米並みに一気に引き上げるのは至難の業だが、二酸化炭素削減に取り組む企業には社会保険費用を減らすなど、社会全体の仕組みを変えていく必要がある」と訴える。

人類は、手遅れになる前に解決策を見つけられるだろうか。

## 「率直に言って時間がない」　国立環境研究所生態リスク評価・対策研究室長　五箇公一

**――生物学者として、日本経済をどう見ているか。**

「石油化学文明に生きようと思ったら、石油を買って、それで作ったものを売って外貨を稼がなきゃいけない。でも、そういう生き方、社会が地球温暖化を生んできた。それをいつまで続けられるかという持続可能性を考えたとき、石油もずっとあるわけではない。いつか枯渇して、資源の取り合いになる。

現状も、資源を争奪し合っているようなものだ。北の先進国が南の資源を搾取しているという構図が続いてきた。生産国が恩恵を受けているかというと、アラブの石油王みたいな一部の富裕層を除いて、農業、林業、水産業も含めて、普通の人にはほとんど恩恵が行き渡っていない。だから経済格差がどんどん広がって、環境にも負荷をかけている。

経済に不可欠な資源確保のためのグローバリゼーションというけど、それを延長していったら最後には宇宙まで侵略していかなきゃいけなくなる。そうした延長線を考えたとき、いつまでも外に資源を求め続けるわけにはいかない。グローバリゼーションの中でないと生きられないと言うなら、グローバリゼーション以前はどうやって生きてきたのか。
後戻りが難しい世界を作ってしまったのは事実だが、作ったのは人間自身。天変地異でそうなったわけじゃない。だからそこに生きなきゃいけないと諦めるのではなく、いかに離脱して自立するかという方向に舵を切らないともたない。ずっと海外から資源をもらえるわけではない。既に国内総生産（ＧＤＰ）も相対的にどんどん落ちて、経済的魅力の乏しい国に転落しつつある。そのうち自動車も含めて加工品は他国がどんどんお株を奪っていく。世界全体が成長している中、日本がいつまでも優等国ではいられない。生き物と同じで動的に変化していく中、いつまでも昔のままというわけにはいかず、持続可能性を得るためには、大きく生き方を変えるしかない」

**――資源を海外に頼らず、持続可能な暮らしというと、江戸時代の生活に戻るのかと言われそうだ。**

「そこにしか持って行けないのも変な話で、一歩先に進むことで持続可能性をどう保つかが勝負所だ。どっちに転んでも旧態依然のままというのは、あまりにアイディア不足だ。
そういうことを言っているのはわれわれも含めて一番経済発展でおいしい思いをしてきた昭和の戦後世代だ。そこから

**五箇公一室長**

脳が脱却できていないので、何かあるとそういう極論でよくわからないわがままを言う。むしろ江戸時代に戻してやりたい（笑）。

当時のシステムには学ぶべきことがいっぱいある。究極のリサイクル・システムがあった。そのアイディアは知恵として受け継ぎ、そこに現代社会の技術を入れれば、もっと豊かで楽しい江戸時代を迎えることができる」

**——温暖化は食い止められるか。**

「率直に言って時間がない。思った以上にない。計算上は、温室効果ガスの排出を止めないと、あとは温度が上がりっぱなしになって、あきらめて適応していかざるを得ない節目が二〇三〇年ごろに来てしまうと言われている。だからそれまでに排出量をゼロにと言っているが、言っているだけで全然進まない。人間の業は思った以上に深い。生物学的に見て人間は本当に特殊な生き物で、娯楽・快楽で自身の人生を謳歌できる。自分の人生の幸せを最大化するという欲求を持っている。

ほかの生き物は厳しい自然環境の中で自分の遺伝子を残すことに精いっぱいで、そんな余力は一切ない。ちょっとでも楽しもうなんて思おうものなら、即食われる。子どもを守れない。究極的には自分の遺伝子が生きるか死ぬかだから、快楽なんてない。当然ながら、必要最低限の資源しか確保できないし、生態系の中で限られた数でしかいられない。

本来、動物的には一番弱い人間だけがそこから逸脱できた。生き残れたのは、お互い助け合って社会を作り、自然界から逸脱した環境を自ら作れたからだ。最終的には化石燃料まで活用することで、住みたいように環境を変えることで生き続けてきた。ほかの生き物は環境に合わせて進化してきた。人間が作り出した世界だからこそ、人間は食われる心配もなく好き放題やれる。

普通の生き物は次世代を産んだら、すぐに死んでしまうのに、われわれは下手したら一〇〇歳まで生きられる。大脳が大きくなり、アドレナリンで快楽を感じられる。欲が出る。自分の快楽を優先するようになり、次世代のことなんて考えられなくなる。俺の人生だから俺が楽しみたいと。そこで思考回路が止まり、それが何世代も繰り返されると、温室効果ガスなど止まらない。

その業を取り払うのは相当難しい。自然の生態系ならば、子どもが大きくなったら、われわれ高齢者はとっとと姿を消さなければいけない。でもそれは人間の幸せとは合致しない。生物学的に特異な人間の業と、生物としての脆弱さ故に、環境とも折り合いを付けなければいけないという弱さ。このジレンマが環境問題にとっての最大の根っことといえる」

**——人類の繁栄の持続は楽観できないと。**

「今のペースなら無理でしょう。新型コロナウイルスで、世の中が変わるんじゃないかという期待があった。世界全体が同じ災害を受けているから、手を取り合って苦難を乗り越える方向に行き着くんじゃないかと。その延長線上で、環境のことも考える方向に行くかと思ったら、ワクチンの奪い合いなど、エゴイズム、ナショナリズムむき出しで正反対の方向に行った。皆が同じ不幸に遭ったら、人のことなんか考えられなくなって、もっと悲惨なことになると思い知らされた。人間の弱さがここまでむき出しになるんじゃ手の打ちようがない。

このままでは資源が枯渇してクライシスが多発し、悲惨な自然災害が頻発するだろう。その結果、人類の数が減ったところで反省して、少し賢くなるのかもしれない。人類が完全に滅ぶことはないだろう。人間は改心する能力も持っている。そうしたところまで行けば新しい次の生き方も作れるかもしれないが、そこまで落ちなきゃダメなのかなと。相当大きな転換期を迎えなきゃいけないかもしれない。

本当はそうなる前にパラダイムシフトをして皆が悔い改められればベストだが、残念ながら相当厳しい。皆、自分がかわいくて自分が生き残りたいという気持ちが圧倒的に強い」

**――生き残るためにはどうすればいいのか。**

「一つは、自然再生エネルギーを使って温室効果ガスを抑えなきゃいけない。どのみちこのまま化石燃料依存がどこまでも続くわけはなく、安全保障としても再生エネルギーが重要だ。これだけ山が多いと、中国みたいに巨大なソーラーパネルも作れない。ただ、地域レベルで自給を目指せばそこまで大きなものは要らない。

首都機能も早く分散させなければならない。東京電力福島第一原発事故で学ぶべきはそこだった。福島が食うためではなく、首都圏のためのものを作っておきながら、悲惨なことがあれば置いてきぼりになるのは地方。そういう構造はいいかげんにやめるべきだ。もし首都直下型地震が来たら、日本は本当に機能的に沈没してしまう。早く機能を分散させることがリスク管理としてもエネルギー政策としても重要だ。地方ごとに賄える分だけエネルギーを使う。地熱とか風力とか、地域の環境に応じたエネルギー戦略になる。それをコンパクトにミニマムにやるには地域レベルでの循環を頭に入れないといけない。

地方分散型にして、エネルギーも地産地消にすることで十分生きていける。$CO_2$も抑えられる。生物と同じで、地域の環境に合わせれば頑強さが増す。若い人の価値観も変わってきて、脱東京が加速するという希望はある。このように、それぞれの地域や国が持続的な自立を達成することで、持続的、共生的グローバル社会が成立すると期待したい」

×　×

ごか・こういち　一九六五年富山県生まれ。京都大博士（農学）。二〇一六年四月から国立環境研究所生態リスク評価・対策研究室長。黒ずくめにサングラスのロックなファッションとわかりやすい解説で、テレビでも人気を集める。

## まとめ　現実を直視する人、目を背ける人

地球温暖化ほどスケールの大きな話を描く場合、どこに現場を求めるのかは簡単なようで難しい問題だ。影響は地球上のおよそあらゆる場所で現れているように見える。

だが、全体として人間の経済活動が温暖化を招いていることは疑う余地がなくても、個々の事象を見ていくと、温暖化のせいであると証明することは時として大きな困難を伴う。少なくとも日本国内では、台風や大雨の深刻な被害がここ数年増えている感覚こそ多くの人々が共有しているだろうが、アメリカやカナダのような山火事はまず起きないし、林野庁によると、山火事の総件数も「短周期で増減を繰り返しながら長期的には減少傾向で推移」しているという。

少し前までは定番とされていた海面上昇で沈みつつある南太平洋の島国ツバルに至っては、実は海面上昇による国土縮小どころか、むしろサンゴ礁の成長により国土が拡大しているとの指摘もあるほどだ。

いずれにせよ、これを見れば事態の深刻さが一目でわかるというような現場は意外と見つ

かりにくい。問題が大きすぎて、人類が進化の過程で培った視野から大きくはみ出しているとも言える。

そんな時、もう一つまったく別の語り方があるということに気付かせてくれた映画がある。アダム・マッケイ監督、レオナルド・ディカプリオ主演の映画『ドント・ルック・アップ』（二〇二一年）だ。ある日突然、地球を目指して宇宙の彼方からやってくる彗星が発見されるというストーリー。人類滅亡の瞬間が刻々と迫る中、危機を避けるための国際協調は成立せず、主にアメリカ人の登場人物たちは結局、彗星衝突という危機の存在を信じる人たちと信じない人たちに分かれて党派的な言い争いに終始する。お金と権力のある人たちは、自分たちだけ助かればいいと、地球外への脱出を計画する。

この場合の彗星とは、明らかに温暖化のメタファーだろう。米国のシンクタンク、ピュー・リサーチ・センターによると、アメリカでは民主党支持者の七八パーセントが温暖化を深刻な脅威ととらえているのに対し、共和党支持者ではその割合は二三パーセントにまで下がる。本来、政治とは無関係の自然科学の領域に属するはずの話ですら、党派によって分断が進んでいるのが今日のアメリカの病理だが、こうした分断にいつまで日本が無縁でいられるかは予断を許さない。

真正面から危機を訴えることも大切だが、必ずしもすべての人が聞く耳を持ってくれるとは限らない。特に、はじめから見たい現実だけしか見る気がなく、温暖化の脅威も否定したい人たちの目をどう向けさせるか。想像力や創造性の発揮しどころだ。

第四章

# 本当の労働運動とは

## 米で相次ぐスト

二〇二三年はアメリカの労働運動が大きな転換点を迎えた年となった。長年、労働組合の組織率下落と影響力低下が相まって進行してきたアメリカだが、五月、映画やテレビの脚本家で構成する全米脚本家組合（ＷＧＡ）が一五年ぶりにストライキを決行した。ネットフリックスなどの動画配信サービスの普及に応じた報酬の増額や、人工知能（ＡＩ）を使って過去の作品から新たな脚本を作ることの禁止が主な要求だった。

七月には全米映画俳優組合（ＳＡＧ－ＡＦＴＲＡ）も一一パーセントの賃上げなどを求め、四三年ぶりとなるストを実施。脚本家組合は九月、映画俳優組合は一一月、要求の大半を制作会社側に認めさせるかたちで合意に達した。ストの影響で、人気シリーズ『ミッション：インポッシブル』の続編をはじめ、さまざまな映画やＴＶシリーズが制作の延期などを迫られた。

## 生まれ変わったＵＡＷ

さらに社会的に大きなインパクトを持ったのが、約一五万人の現役組合員を擁する全米自動車労働組合（ＵＡＷ）によるストだ。ＵＡＷは二〇二三年九月、ゼネラル・モーターズ

（GM）、フォード・モーター、旧米クライスラーを傘下に持つステランティスを相手に工場などでのストを実施。ビッグスリー（大手三社）同時のスト入りは史上初めてで、さらにはバイデン大統領が現職大統領として初めてピケ現場を訪れ、組合員を激励するなど、異例ずくめの事態となった。

UAWは一九八〇年代に日本の自動車メーカーの本格的なアメリカ進出が始まって以来、ほぼ一貫して守勢に立たされ続けてきた。GM、クライスラーが経営破綻する直前の二〇〇七年には、二〇〇七年以前に採用された労働者と以後に加わった労働者の間でまったく異なる時給や年金、医療保険といった組合員間格差の受け入れに追い込まれた。さらに近年には組合資金の不正流用や会社側からの裏金受領など、執行部がスキャンダルにまみれる中、二〇二三年、初の組合員全員投票により五〇〇票弱の僅差でショーン・フェイン新会長が選ばれた。

もともとは工場労働者出身のフェイン氏はほぼ無名の存在だったが、「妥協しない、癒着しない、格差を認めない」の三つの「ノー」を掲げて草の根の支持を集めた。第一回目の投票では現職候補に僅差で敗れたが、過半数の票を得た候補がいなかったため実施された決選投票で選出された。会社からの提案書を「ゴミだ」と吐き捨ててゴミ箱に放り込む映像を組合員向けに公開するなど、公約通りに会社側に対し強硬姿勢を貫いている。

二〇二三年の労働協約更新交渉では、ティア・システムと呼ばれる雇用時期で労働条件が大幅に異なる制度の廃止を訴えた上で、ビッグスリーの最高経営責任者（CEO）は過去四年で平均四〇パーセントの報酬増額があったことから、組合員に対しても今後四年間で四〇パーセントの昇給を求めるなど、大胆な要求を掲げた。

## 革新的な戦術

フェイン執行部は、要求内容だけでなく、戦術的にも革新的な手法を採用した。従来のUAWのストはGMならGMと、ターゲットとなる会社を定め、その会社のすべての工場でストを打っていた。これに対し、二〇二三年の賃金交渉では、三社すべての工場からストの対象を選定し、しかも事前に次のスト先を予告せずに徐々に対象を増やしていくという戦術を採った。

アメリカではストの最中に会社側が代替要員を連れてきて工場のラインなどに就かせることが認められているが、このように抜き打ちでストをやられると、会社側はそのような準備がまったくできない。業績への影響予想も立てられなくなる。実際、フェイン会長はフォードとの交渉の中で、会社側が新たな提案を出してこなかったことへの対抗措置として、フォード工場の中でも最大で、ドル箱のピックアップ・トラックなどを生産していることから利益面での貢献も最も大きいケンタッキー州ルイビル工場のスト入りをその場で決断。ケンタッキー支部に指示を出し、同工場はその日の晩からストに入った。

こうした本気の交渉が実を結び、ＵＡＷは今後四年半で二五パーセントもの賃金アップをビッグスリーから勝ち取った。これは過去二〇年以上の昇給幅を上回る増加だ。それだけでなく、見習い工レベルの時給から最高ランクの時給に到達できる年数を大幅に短縮したほか、ティア・システムも廃止。インフレに合わせて賃金も上がる物価スライドも認めさせるなど、近年には想像すら難しかったような大幅な譲歩を次々と勝ち取った。

## 他社や他産業への波及も

もちろん、こうした労働運動の成果が、賃金上昇が物価上昇を上回る好循環を社会全体に起こしていくのか、それともビッグスリーの競争力低下につながり、リーマン・ショック後のＧＭの経営破綻のような、会社も労働者も不幸な事態を招いてしまうのか、結論を出すには早過ぎるだろう。

だが、一つだけ確実に言えるのは、ＵＡＷが今回の賃金交渉で会社から勝ち取った譲歩は、労組が存在するビッグスリーだけでなく、労組のないトヨタやホンダ、テスラといったアメリカに生産拠点を持つ他の自動車メーカー、さらには他の産業にも波及していくということだ。

トヨタなどの米国工場の労働者たちはこれまで、UAWによるオルグ(組織化)を拒否してきたが、今回の成果を見せつけられれば、UAWによる団体交渉に参加したほうが自分たちの利益になると考える労働者は増えるだろう。会社側とすれば、UAW傘下の労組が誕生するくらいならばと、そうなる前に労働条件の改善を図る可能性が高い。

仮にUAWによるオルグの脅威を考慮しなくても、単純に求人の面でも、ビッグスリーに激しく見劣りするような条件では人を集められないため、時給の引き上げは不可避となる。引き上げの動きは既に出ているが、自動車産業は就業者数が多い上、他の製造業などとの移動も活発で、経済全体へのより広い波及効果も期待される。

以上、映画業界と自動車業界という代表的な事例を取り上げたが、米国では二〇二三年に入り、教師から看護師、料理人に至るまで、近年になかったペースでストが頻発している。米コーネル大の集計では、二〇二三年にストに参加した労働者の数は五〇万人超で、二〇二二年の約三倍に上り、年間でも一九八六年以来最大となる。

また、これに先立つ二〇二二年以降、米国ではアップルストアやスターバックスなど、これまで労働運動とほぼ無縁だった場所での労働組合結成が相次いでいる。スターバックスは経営陣の反組合姿勢で知られる。組合側はこれまで目立った成果を得られていないのにもかかわらず、三六〇超の店舗で組合が結成された。組合との交渉に応じないスターバックス本社に対しては連邦政府も問題視する姿勢を強めており、交渉の行方が注目される。

## 初めての労働運動

アメリカほど労働運動が衰退してきた国で、なぜ今になって労組の活動が再び盛んになってきているのか。当事者たちの話を聞くべく、各地のスターバックスで労働組合結成に踏み切った人たちに連絡を取ってみた。聞こえてきたのは、毎年のように日本円換算で五〇〇〇億円前後の純利益をたたき出す企業の末端で、想像以上に悲惨な窮乏生活を強いられ、やむにやまれず立ち上がった若者たちの声だった。

「誰も労組とは縁がなかったが、自分たちの要求を実現するにはこれしかないと思った」。コロラド州デンバーのスターバックスで組合を結成したライアン・ディナロさん（二二）はこう語る。

ディナロさんによると、店でコーヒーをいれるバリスタたちの時給は一五ドル（約二二〇〇円）から始まるが、歴史的な勢いで上がり続ける物価にはとても昇給が追いつかない。

ディナロさんは月一四〇〇ドルの家賃を年内に一七〇〇ドルに値上げされると大家から通告され、途方に暮れていた。店の同僚でも既に住居を失い、ホームレス向けのシェルターに

ストライキを決行するタイラー・キーリングさん（中央）たち。2022年8月、レイクウッドにて撮影

入った人までいるという。

自身を含め、献血を収入の足しにしているバリスタたちも多いと話す。毎週二回、月に八回の成分献血をすることで七〇〇ドル受け取れるという。

ディナロさんは約二ヵ月間かけ、同僚たちの署名を集めて労組設立の投票を実施。二〇二二年五月に組合が発足した。

カリフォルニア州レイクウッドのスターバックスで働くタイラー・キーリングさん（二六）も自身の店で組合を結成した。スターバックスが米証券取引委員会（ＳＥＣ）に提出した資料によると、同社社長の報酬は二〇二〇年の約一四〇〇万ドルから二〇二一年には約二〇〇〇万ドルに増えていた。

キーリングさんは「経営者は何百万ドルも

報酬を増やしながら、現場には満足な賃上げがまったくなされていない」と批判する。

キーリングさんは二〇二二年八月、初のストライキを実施した。他業種労組や常連客も応援に来たほか、店の前を通り過ぎる車もクラクションを鳴らして連帯を示すなど、幅広い支持を実感したという。

ただ、盛り上がる労働運動に対し、会社側は徹底した対決姿勢で応じている。ディナロさんの店では組合結成後、地域を統括する部署から〝監視役〟が送り込まれ、さまざまな理由をつけて次々と組合員が解雇された。

最後まで残ったディナロさんも、半年間で二度目の遅刻を理由に解雇された。「シフトの開始時間を勘違いしていた。四年間勤めたが、こんな理由で解雇された例は見たことがない」と話す。

スターバックス本社の広報担当者は取材に対し「従業員の団結権は尊重するが、組合員だからといって社内規則の適用外にはならない。規則は全店で一貫して適用していく」と述べ、組合つぶしとの疑惑を否定した。

だが二〇二二年八月には、テネシー州のスターバックスが解雇した七人の復職を同州の連邦地裁が命じた。スターバックスは、労組のない支店に限って昇給やアルバイトの服装といった就業規則の緩和を実施したが、政府の全米労働関係委員会（ＮＬＲＢ）はこれも労働者の団結権への不当な干渉だとしている。

今後の焦点は、組合が会社と労働協約の締結にこぎ着けられるかどうかだ。協約には賃金に関する取り決めのほか、正当な理由のない解雇を禁じる条項を盛り込むのが一般的だ。米国の労働法に詳しい一橋大名誉教授の中窪裕也は「解雇が原則自由の米国では、この条項だけでも労働者への恩恵は大きい」と話す。

戦後、隆盛を誇った米国の労働組合は、担い手だった製造業の衰退とともに一九七〇年代以降、弱体化の一途をたどる。二〇二一年の加入率は一〇・三パーセントで、最も古いデータが残る一九八三年の半分まで低下した。ただＮＬＲＢは「現在、全国的に労働組合結成の動きが過去一〇年間になかった勢いで起きている」としている。

ＩＴ大手アップルの店舗やインターネット通販のアマゾン・ドット・コムの倉庫でも近年、初の組合結成が相次ぐ。違法性も指摘される激しい妨害工作が伝えられるが、それ自体が会社側の焦りの表れともいえる。「勝者総取り」が進む経済で、労働者側が力を取り戻せるか、注目される。

ディナロさんは現在、空港で荷物運びなどの仕事をしながら、不当解雇を申し立て復職を求めている。「最後まで見届ける責任がある。復職して、協約をこの目で見てみたい」と力を込めた。

## 六一年ぶりのスト

日本でも注目されるストがあった。大手百貨店としては実に六一年ぶりとなる西武池袋本店（東京都豊島区）で二〇二三年八月三一日に行われたストだ。

労組は雇用維持が不透明なままでの米投資ファンドへの売却中止を親会社のセブン＆アイ・ホールディングスに求めた。セブンはストの最中に臨時取締役会を開き、翌九月一日にそごう・西武を売却することを決議。労組側の要求は通らなかったが、多くの消費者になじみの深い企業でのストは、労働者にそうした権利があることすら忘れかけていた日本社会に強い印象を残した。

このほか、企業別労働組合ではなく、個人加盟型の労組だが、靴販売店「ＡＢＣマート」で一人のパート女性が賃上げを求めて三月にストを行った結果、パート全体の時給が六パーセント上がったという事例もあった。消費者向けの事業を展開する企業では、ストによる直接的な影響は軽微でも、世間的なイメージを重視して賃上げに応じる場合もあることを示す画期的な事例となった。

## 「物乞い」ではない労使交渉

長引く不況の中で、多くの場合で待遇改善よりも人員削減回避を優先し、労使協調路線を歩んできた日本の労働組合で、今後ストが頻発するかというと、現時点ではその可能性は低いように思われる。

ストは憲法第二八条でも保障された労働者の権利で、通常は経営側がはるかに強い一方的な労使関係を一発逆転させる可能性を秘めた行為だ。というより、ドイツの労働裁判の判決の名文句として知られる「ストライキ権を背景としない労使交渉は経営者に対する集団的な物乞いに過ぎない」との言葉通り、ストの可能性を排除し続ける限り、労働者側は経営者に「物乞い」を続けなければならない恐れすらある。

ただ、日本と欧米の労働組合では決定的な違いがある。それは、日本では実質的な労働運動の担い手が企業別労組なのに対し、欧米では産業別労組が中心で、企業別労組はたとえ存在しても、その支部的な役割に過ぎないという点だ。この点から日本の労働運動の限界を指摘してきた労働社会学者の木下武男氏のインタビューを紹介したい。

## 「企業別組合、脱却を」　元昭和女子大学教授　木下武男

**――全米自動車労働組合（ＵＡＷ）の争議をどう評価するか。**

「四年半で二五パーセントの賃上げというのはすごいことで、画期的だ。二〇一一年の『ウォール街を占拠せよ（オキュパイ・ウォールストリート）』運動から始まり、スペインのポデモス、ギリシャのシリザといった政党の誕生、あるいはアメリカの二〇一六年の米大統領選でのバーニー・サンダース旋風などの新自由主義に反対する大きな流れの一つの到達点だと言える」

**――ビッグスリーの競争力低下を懸念する声もある。**

「賃上げがビッグスリー、あるいは自動車産業だけではなく、幅広い産業に波及していく流れをつくればいいだけで、それは可能だ」

**――一方、西武百貨店のストは歴史的ではあったが、何も勝ち取っていないとも言える。評価は。**

「労働運動は、必ずしも交渉の成果だけで意義を判断するべきではない。皆で立ち上がり、

声を上げたことの意義は小さくない」

**――日本の労働組合の問題は。**

「労働組合の本質的な役割は、労働者間の競争を制限することにある。企業と労働者との個別の契約に任せておけば、企業は常に賃金を低く抑えようとするし、労働者の側には限られた職を得るために自らの労働力を競って安売りする誘惑が生まれる。そうした労働力の安売り競争をさせないために存在するのが労働組合だ。

しかし、日本では労働組合が企業別に分断されているため、一社だけで待遇を引き上げても、その企業が競争力を失うだけで、その結果として勤め先が淘汰されてしまっては元も子もないので、組合も経営側が許容する範囲でしか賃上げを要求できない。それを防ぐには、自動車なら自動車など、同じ業種の中で統一して交渉し、行動するしかない。本当の意味での労働組合は産業別でしかあり得ず、欧米はすべて産業別に組織されている。

日本でも、労働組合が企業別に分断されているだけなら、労働者がより良い条件を求めて会社を渡り歩き、結果として賃金が上がるということもあり得た。だが、企業別組合、終身雇用と並んで日本的経営の『三種の神器』の一つとされる年功序列型賃金があることで、労働者は別の働き口を探すよりも、同じ企業に居続けるインセンティブが生まれ、労働者の会社に対する交渉力は極めて弱い」

**――米国での労働運動復活を歴史的にどう位置付けるか。**

「ここに至った大きな流れとしては、二〇世紀の初頭に誕生し、戦後確立したフォード主義という大量生産・大量消費のシステムの終焉がある。フォード主義では、資本側は労働者の賃金は安ければ安いほどいいとは考えず、ある程度高い賃金を支払って労働側に購買力を高めさせ、商品を買ってもらえば利潤も高まるという、階級間の妥協があった。そうした共通理解の下、具体的な賃金水準は巨大な労働組合と経営者団体が交渉して決める。国家は労働者の購買力増加を、福祉国家的な社会保障や経済成長によって支えた。

もうそれをやめますというのが始まったのが、一九七五年ごろだ。日本では新自由主義というと、やれ小泉改革だとか、制度を変える話だと理解されているが、そうではない。フォード主義的な階級妥協、福祉国家をやめます、産業別組合も認めませんというのが欧米の新自由主義の根本にある。

単なる市場万能主義ではなく、ましてや小泉だ、安倍だという話でもなく、今まで続けてきた妥協を清算するというのが根本にある。階級間の妥協をご破算にして新自由主義で行きますという流れが続いてきて、やっと反自由主義の動きが顕在化してきた。今アメリカで起きていることは、そうした新しい運動の質を持っている」

**――一九七五年ごろに何が起きたのか。**

「経済のグローバル化、新興工業国の隆盛が一つ、もう一つは先進国市場の成熟化だ。白物家電や自動車は、一度行き渡ると、あとはモデルチェンジくらいしか新たな需要はなくなる。市場そのものが成熟しているので、製造業じゃないところに資本が進出してくる。さらに移民の増加で労働市場がかなり崩れる。フォード主義的な妥協が崩れて、先進国は緊縮財政に入り、労組も衰退した」

**——アメリカと比べると、日本の場合は一九九〇年くらいまでは繁栄が続いた。**

「日本は当初、グローバル化の波に乗っかり、輸出大国となったが、その後一九九〇年あたりでASEAN（東南アジア諸国連合）諸国が勢いを付け、衰退が始まった。アメリカはアマゾンやアップル、グーグルなど、新しい企業が出てきたからなんとかなっているが、日本はそれができないから衰退の一途をたどっている。

一九九〇年代初頭のバブル崩壊は現象に過ぎなくて、要するにそのころからグローバル経済に呑み込まれ、新興工業国に市場を奪われたということ。バブルは一過性のもので、どうでもいい高度成長の徒花《あだばな》だった。

本当はその時点で、新たに産業構造を高度化しなければならなかった。その際に年功賃金というのが障害になると予想したが、見事に外れた。経営者は年功賃金を温存した。せめて新しい産業に転換するという意識を経営者が持っていれば、こんなに完全に転落する事態は起きなかっただろう」

**――アメリカで起きている新しい労組結成の動きをどう見るか。**

「スターバックスなど、これまでなかった労働組合に関して言えば、巨大な労組と経営者団体が規約を結ぶのではなく、自分たちが主人公なんだと。フォード主義は大企業や大きな工場の労働者が前提だが、そうした雇用形態が少なくなり、製造業じゃないところ、サービス産業や流通業で新しい運動が起きている。

これまでの製造業大企業を前提とした労組と経営者の階級妥協に対して、それを破壊したのが新自由主義だった。レーガンに代表される反労働組合の嵐の中で耐え抜いてきた人たちと今の若者の運動が結合したのであり、そう簡単にはつぶされない新しい労働運動の流れになると思う。若者たちは確信的だ。オキュパイ（二〇一一年のウォール街占拠騒動）のころあたりから、これからは労働運動だという言い方をしていた。日本と違ってある程度耐え抜いた労働運動があるので、これから開花していくだろう」

**――日本で労働運動再構築への道筋をどう描くか。**

「日本の労働界は連合（日本労働組合総連合会、立憲民主党、国民民主党支持）も全労連（全国労働組合総連合、共産党支持）も企業別組合の発想から抜けられない。内部から企業を変えていくという発想だが、それではこの先も展望がない。日本で真の労働運動が出てくるとすれば、ABCマートでストを決行したパート女性が加入していた『総合サポートユニオン』のように、一般労組と呼ばれる個人加入型の労組が業種別に交渉し、企業の外から労働条件の向上を勝ち取っていく姿を取るのではないか。

たとえば保育士など、業種別のユニオンを作って、職種別に最低賃金を交渉していくといった流れを構築していく必要がある。保育や介護といったサービス産業での労働運動はとても意味がある。製造業のようなマニュアル労働ではないから裁量権があり、自律的な労働をしやすい」

×　　×

きのした・たけお　一九四四年、福岡県出身。元昭和女子大教授。著書に『労働組合とは何か』（岩波新書、二〇二一年）など。

## まとめ　産業別を軸にした労働運動の大胆な改革を

「ＵＡＷはアメリカン・ドリームを救っている（The UAW is saving the American Dream）」

ビッグスリー（大手自動車会社三社）すべてから、四年半で二五パーセントの賃上げをはじめとする大幅な譲歩を引き出し、闘争収拾の方針を示した際、全米自動車労働組合（ＵＡＷ）のフェイン会長が放った言葉だ。

アメリカン・ドリームという言葉はしばしば、勝者総取り方式のアメリカ型競争社会を勝ち残った一握りの人たちが手にする巨大な富を指すと誤解されることがある。だが、言葉の本来の意味は、工場労働者であっても一軒家に住み、子どもを大学に行かせることができ、老後は年金で苦労なく過ごせる――つまり、まじめに働きさえすれば「中流」の人生を送れることを指した。それを可能にした重要な要素の一つが、強い労働組合だった。

試算によると、二〇二三年の賃金交渉の結果が反映されれば、ＧＭやフォードの工場で働く労働者であっても、年収一〇万ドルに到達することが可能になるという。工場がある地域の物価水準を考えれば、十分に快適な人生を送れる水準だ。貧富の差の拡大が続くアメリカで過去のものになりつつあったアメリカン・ドリームは、たしかに息を吹き返しつつあるようだ。

一方で、日本の労組のほとんどは労組の名に値しない――。

この指摘を「何をいまさらわかりきったことを」と感じるか、驚きをもって受け止めるかは人それぞれだろう。労組自体にまったく接点がなく、何のイメージも持っていないという人も増えているだろう。

だが、アメリカの自動車産業などで起きていることを見れば、労組が本来経済の中で果たしうる役割も、翻って日本に本当の労働運動がほとんど存在しないという言葉の意味するところもよく見えてくる。

「産業別労組こそが本来の労組だと言っても、現に日本でも産別組織はあるではないか」と思う人もいるかもしれない。たしかに、日本にも自動車総連や電機連合、日教組など、産別組織は存在する。だが、日本の産別組織は統一的な要求を掲げることはあっても、それは単なる目安であり、満足のいく回答が得られなければ一斉にストなどということは万に一つもあり得ない。

そもそも、「労使協調路線」の名の下に、大企業では会社側の人事ローテーションの一環に組み込まれており、経営側と本気で対峙するつもりなど最初からない労組も多い。そんな労組ではストなど期待のしようもないし、ストという最大の武器を放棄して徒手空拳で経営側に何を求めても、結果は目に見えている。

つまり日本の場合、特に大企業の企業別労組やそれらが加盟する産別組織、ナショナルセンター（全国組織）である連合や全労連は、悪く言えば単なる労組ごっこである。あるいはどんなに好意的に解釈しても、世界の労働運動の潮流からはかけ離れたガラパゴス的進化を遂げ、職場の改善要求の受付窓口や会社側の諸施策の広報機関といった極めて限定的な役割しか果たさないものと言わざるを得ない。前年比三パーセントを超すことが常態化した物価高を前にして、「三パーセント以上」の賃上げと二パーセントの定期昇給を求めることしかできなかった連合の二〇二四年春闘「基本構想」が何よりもそのことを如実に物語っている。

日本ではいつしか首相が経団連などに賃上げを要請するのが当たり前の光景となってしまったが、放っておけば圧倒的に強い経営側に対し、労働者の取り分を拡大させる役割は一義的には労組が担うものである。そのためには、個々の組合の意識改革に加えて、産業別を軸にした労働界の大胆な再編が欠かせない。息を吹き返したアメリカの労働運動を見ていると、改めてその思いを強くするばかりだ。

# 第五章

# 民営化信仰を問い直す

### パリの挑戦

「今のように物価が上がっている時は特に、民間企業なら値上げの理由をいくらでも挙げただろう。われわれは違う。水は〝コモン〟（共有財）であり、低所得者でも水道代を払えることが重要だからだ」

フランス・パリ水道公社（オー・ド・パリ）で事務方トップを務めるベンジャミン・ガスティンは誇らしげに語る。パリは世界中で水道事業を手がける「ヴェオリア」と、同社が買収を決めた「スエズ」の「水メジャー」二社が本社を置き、長らく水道が民営化されてきた。水道民営化の中心地とも言えるパリで異変が起きたのは、二〇〇八年のことだ。

左派市政の下、パリは二〇〇八年一一月、水道を再び公営化することを決めた。水道料金は約二五年間で三・六倍にも上がったのに、原価はブラックボックス化しており、妥当性が判断できないという問題意識からだった。すべての人に必要な水道という公益事業の運営ノウハウが、市当局から失われているという危機感もあった。

### 水メジャーの抵抗

世界的に注目される国際都市で、本拠地でもあるパリでの契約を失うことに抵抗する水メジャーと市当局の暗闘は激しかった。ガスティンは「彼らは強大な政治力を使い、市に水道の管理は無理で大失敗に終わるというキャンペーンを張った」と振り返る。二社は料金徴収に必要な顧客台帳や、どの水道管の補修をいつ終えたかといった記録すら提供を拒んだという。

他の自治体の助けも借り、公社が事業を開始したのは二〇一〇年一月。一年あまりの準備期間しかなかったが、その後の実績は目を見張るものがある。

二〇二三年一月時点で一立方メートル当たりの水道料は一・〇六ユーロ（約一六〇円）。東京都が標準的な一般家庭の例として出している約一〇〇円は上回るが、物価が上がり続ける中、再公営化当初と比べ約五パーセントもの値下げを実現した。

さらに、水源地での水質保全のため、パリから遠く離れた農村地帯での有機農業推進にも乗り出した。水源付近一帯の農家に、農薬や殺虫剤を使わないことに対する補助金を公社が支出する。

## 脱民営化、欧州各地で

ガスティンは「こうした取り組みには三〇年先、四〇年先まで見据えた計画が必要で、短期の利益を追う民間企業にはそのような経営は不可能だ」と力説する。

値下げも農家への補助金も、公営化によって必要がなくなった株主への配当や経営陣への高額の報酬を回すことで実現した。

市民らが経営を監視する諮問委員会を設け、議事録をインターネットで公開するなど、情報公開も徹底する。オランダのシンクタンク「トランスナショナル研究所（ＴＮＩ）」の研究員ラビニア・スタインフォートは「公益事業に民主的な統治を取り戻した点で、パリは際立つ事例だ」と評価する。

パリの例を追うようにフランスでは各地で水道の脱民営化が進む。この間、新たに水道を民営化した事例は一つもない。

脱民営化の流れはフランスの水道にとどまらない。英国では国鉄民営化が列車の遅延・運休の多発や設備投資不足による事故に結び付いたとして、一部を再び実質国営化する。ＴＮＩによると、ドイツでは二〇〇二年以降、電力会社を中心にエネルギー分野だけで二八二件の公営化が起きた。

## 日本の逆行

日本ではこうした流れに逆行した動きが続く。

二〇一八年には自治体による水道事業の民間委託を促進する改正水道法が成立した。法改正を受け、宮城県は上下水道と工業用水の二〇年間の運営権を一括してヴェオリアなどの企業グループに一〇億円で売却。二〇二二年四月には民間企業による水道運営が始まった。

民営化の前提には、民間企業のほうがより良い経営ができるという信仰がある。だが、郵政民営化では土曜日の普通郵便の配達中止といったサービス低下に加え、かんぽ生命保険の不正販売などの問題が噴出するなど、反証となる事例も多い。

拓殖大教授の関良基（環境政策学）は「水道のように競争が存在しない場合、民間企業で経営が改善することはあり得ない。成功例だと思われている国鉄民営化も、大都市圏の利益を過疎地の路線維持に使う仕組みがなくなり、北海道や四国では悲惨な状況だ」と訴える。

## JRは誰のものか

関が指摘するように、たしかにJRは民営化の成功例だと広く考えられている。だが、それは民営化以前の国鉄が「親方日の丸」の官僚体質、赤字体質でサービスも悪かったことが理由として大きい。巨額の赤字を毎年垂れ流す状況から、現在のように少なくとも上場四社は安定した利益を上げられるようになったことそれ自体は、改善といっていいだろう。しかし、旧国鉄の問題は公営であるがゆえに必然的に起きた問題だと思われがちだが、パリの水道の事例を見てもわかるとおり、本来、それらは所有の形態とは切り離して考えるべき問題である。

ＪＲが営利企業になったことで、駅舎内スペースの商業施設としての活用など、利用者の利便性向上につながった面もあるが、不採算路線は切り捨てられることになった。新型コロナの影響が表れる直前の二〇一八年度（二〇一九年三月期）決算で見ると、上場しているＪＲ四社の純利益は、東日本が二九五二億円、東海が四三八七億円、西日本が一〇二七億円、九州が四九二億円である。しかしそもそも、鉄道ほど公共性の高い事業がそれほど巨額の利益を上げる必要が本当にあるのだろうか。

分割民営化時には三七兆円の債務を抱え、一三兆八〇〇〇億円もの国民負担とともに誕生したＪＲグループである。だがたとえばＪＲ東日本は、配当と自社株買いを合わせた株主還元が純利益に占める割合（株主還元率）を中長期的に四〇パーセントまで高める方針を掲げている。もはや詮ない議論かもしれないが、本来、利益を還元すべきは株主ではなく、国民だったのではないか。上場企業でなければ、株主還元など考える必要はなく、自社の従業員にしかるべく分配した後に、残る利益を使って通勤、通学の定期代を安くして国民の懐を助けたり、長距離運賃を下げて地方への人の移動を活性化させたり、社会のためにできることはいくらでもある。しかし、民営化した今となっては、少なくとも上場しているＪＲ四社は国民のために活動する企業というより、株主のためにせっせと利益を稼ぐことを義務付けられた存在である。

日本では進歩的な知識人ですらこうした議論を提起することは昨今ほとんど見ないが、世界を見渡せば、同じような問題意識を前面に打ち出す人たちがいた。しかも、資本主義創業の地とでもいうべきイギリスの政界中枢に。

公共性の高い事業の再公営化を求める動きは、長らく民営化のフロントランナーとされ、中曽根政権時代の民営化の手本となった英国でも確実に起きている。二〇一〇年以来、政権を維持してきた保守党が、数々の失政から支持率を落とし、最近の支持率では野党の労働党に大きく水をあけられているのだ。このまま行けば、鉄道の再国有化などをマニフェストに掲げる労働党が次回の総選挙で政権を奪還するのは確実視されている。

基幹サービスの再公営化を訴えた二〇一七年、二〇一九年英総選挙で労働党マニフェストのとりまとめ役を担った重鎮、ジョン・マクドネル氏に話を聞いた。

## 「民営化の失敗は明らかだ」 英下院議員(労働党) ジョン・マクドネル

**——二〇一七、二〇一九年の英総選挙で、重要な公益事業の再公営化を掲げた。**

「残念ながら資本主義システムでは、短期的な利益追求は常に需要を満たすことよりも優先する。短期の利益を追求せず、長期的な視野を持とうとする企業があっても、競合他社が安売りを仕掛けてきたら、競争から身を守ることはできなくなる。他社に買収されてしまうだろう。長期的な計画に立った経営はほぼ不可能だ。民営化に際して政府は、規制をしっかりすれば問題は起きないと主張したが、鉄道の料金高騰や遅れの多発、あるいは水道の水質悪化などから規制の失敗は明らかだ」

**——特に鉄道の再国有化を強く求めている。**

「保守党は鉄道を民営化して、さまざまな企業が電車を運行し、さらに下請けに出すことを可能にした。何の統合もないまま、国中を何百という会社が電車を動かすことになり、結果として列車衝突という大惨事が起き、私の選挙区の運転士が死亡した。ヨーロッパで最も高い水準まで運賃が値上がりしているのに、安全への投資はないがしろにされてきた。

今やわれわれの鉄道システムのほとんどはフランスやオランダなど、欧州の国営企業によって運営されるようになってしまった。これらの企業が英国で利益を上げ、自国の鉄道料金を安く抑えるために利益を本国に還元しているという皮肉な事態が実際に起きてしまった。

政府もようやく公共交通機関への投資の必要性を認識し始めたが、それは（与党保守党の地盤である）イングランド南部とロンドンに偏っており、北部とは三～四倍もの開きがある。今や北部では列車の遅れや運休は日常茶飯事になってしまった。鉄道の再国営化には、保守党支持層も含め国民の約七割が賛成している」

**――公的管理に適した分野と、企業に任せる分野はどう決めるのか。**

「水のように、本来誰の手にも所有されるべきではない自然資源は公的に所有、管理されるべきだろう。もう一つは、生活に欠かすことができない医療や教育といったサービスは公的な主体によって提供されるべきだという考え方もある。

二〇一九年総選挙での労働党マニフェストでは、インターネットの公営化も提起した。インターネットへの高速接続は現代の日常生活にとってあまりに必要不可欠なものになったので、民営には適さなくなったのではないかという議論を始めた。その必要性を逆手にとって、民間企業が利益追求に走るのではないかという懸念もあったし、公営にすることによって、全員に安価で安定した高速通信が提供されたほうがいいのではないかという考え方が出てきた。

議論の出発点には、民間企業によって提供されているネット接続があまりに質が低く、不安定だったこともある。新型コロナのロックダウン中、学校が休校になり子どもたちは家から授業を受けなければならなかったが、労働者階級の子どもたちの多くには必要な通信環境が整っていなかった。

そうしたことから、ネットは一定の生活の質を保つために必要不可欠な公共サービスであり、利益追求を主たる目的とする人々の手に任せておくべきではないという議論がなされるようになった。大都市圏以外では、ネットと鉄道という二つの『接続』があまりに不安定なため、小さな町をあきらめて都市部に移転する企業すら現れ始めている。

国家がどこまで何を提供すべきかの境界線は常に議論されるべきだが、第二次世界大戦後の福祉国家と同じように、人々が何を必要とするかによって進化するべきだ。どういった条件を満たせば公営化すべきかという一律の基準は存在しない。公に開かれた議論で決める必要がある」

**——公営化により、いわゆる「お役所仕事」に陥る懸念はないのか。**

「われわれは昔のような中央集権的な管理に戻ることを提唱しているわけではない。大事なのは説明責任をきちんと果たさせ、地域の実情に合った経営をし、人々が自分たちでそれを所有し、運営しているという実感を持てることだ。自治体ではなく、協同組合が経営する方式でもいい。また、われわれはこれらの企業に長期的な計画性と安定をもたらす一つの方法として、取締役会に労働者側の代表、そして消費者側の代表を入れることを提案している。たとえば鉄道会社なら、乗客の代表を取締役会に入れるべきだ。

いうまでもなく、再公営化の第一の目的は人々の生活の質を向上させることだ。それに加えて、人類が直面する気候危機に対して、すべてのセクターで役割を果たすことも必要だとわれわれは訴えている」

**――再公営化に対して批判的なメディアも多かった。**

ジョン・マクドネル英下院議員

「そうした政策に反対していたメディアは、経営者自身が民営鉄道会社の株主に名を連ねるなどとして既得権益の中にいることを考慮するべきだ。反対の理由の一つは経営者自身の利益のためだ。いくつかのメディアは、公共サービスの維持に必要な納税の義務すら果たさず逃げたがるようなオリガルヒ（旧ソ連諸国出身の新興財閥経営者ら）に事実上所有されている場合もある。

もう一つは、過去四〇年間、世界の政治・経済の思考を支配した新自由主義の影響力が挙げられる。それは英国において特に強い。新自由主義の考えは単純で、市場こそが経済的な問題に常に最適な解決を導くもので、公共部門は非効率的であり、民間の手に渡ればより効率的、効果的に管理できるというものだった。それは『小さな政府』という理念とも結び付いた。当時は新自由主義というよりマネタリズム（註・経済を安定させるのに必要なのは貨幣流通量のコントロールだとして、財政出動の有効性を否定する学説。ミルトン・フリードマンらが提唱した）と呼ばれていたが、これがサッチャー、レーガンの下で、政治・経済の思想で支配的となり、労働党の一部にすら浸透していた。

われわれが相手にしているのは、そうした支配的な思想だ。われわれとしては、これまで民営化が大きく失敗してきたことをなるべく多くの実例とともに示すようにしている」

×　×

ジョン・マクドネル　一九五一年リバプール生まれ。一九九七年以来、当選七回。二〇一五～二〇年まで「影の財務相」を務めた。

## まとめ　優先されるべきは利用者のはず

「民間でできることは民間に」――。

約二〇年前の小泉政権の時代にさんざん繰り返されたフレーズで、白状すれば当時は筆者も何の違和感も持たずに受け入れていた。だが、当時の郵政民営化を巡る熱狂の中で、いったいどれだけの人が本当にそのロジックを理解した上で賛同していただろうか。

政府の郵政民営化委員会のウェブサイトには「郵政民営化って何?」というコーナーがあり、そこには民営化について「民間に委ねることが可能なものはできる限り民間に委ねることが、より自由で活力ある経済社会の実現に資するとの考え方で、国または日本郵政公社が提供してきた郵政事業について、民間企業(株式会社)が経営を行うようにした改革のことです」と明記してある。一見もっともらしい説明だが、フランスやイギリスで水道が民営化された結果として料金が高騰し、サービスが劣化したことなどを見ると、「自由で活力ある経済社会」というのが何を指すのか、見え方は変わってくる。

「自由」というのは、市民的自由のことではなく、独占状態にある企業も含めた企業が営利を追求する自由（まさに新「自由」主義的な自由と言ってもいい）のことだろう。「活力ある」というのも、本来公共に属するべきものを市場に引っ張り出し、金儲けの道具に使うというゲームに参加できる人たちの活力であって、普通の人々の暮らしに郵政民営化で活力がもたらされることなど、あるわけがないことは冷静に考えればすぐにわかる。

同ウェブサイトには、郵政民営化で実現したことの一例として、「四キログラムまで全国一律料金で送付ができ、ポストへの投函や追跡サービスも可能なレターパックのサービスを開始」や、東京駅前のＫＩＴＴＥ（ＪＰタワー）などの商業施設の開業などが挙げられているが、これらは民営化などしなくてもできたものばかりである。

その一方で、アメリカの生命保険会社アフラックが日本でがん保険を発売するのに全国二万四〇〇〇の郵便局ネットワークを利用できるようにしたり、郵便局で投資信託が販売できるようにしたりと、恩恵は特定の業界や企業に偏る。

急に営利企業の社員として生きていくことを求められた郵便局員らは、過大なノルマを押しつけられ、リスクを理解していない高齢の顧客に対する金融商品の無理な販売や、手数料目当ての保険契約と解約の繰り返しといったさまざまな犯罪的行為に走るケースが続出した。末端の郵便局員だけではない。経営陣もまた、民間企業として利益を上げるプレッシャーにさらされ、オーストラリアの物流企業トール・ホールディングスに出資して六〇〇〇億円以上の巨額損失を出すなど、「武士の商法」はわかりやすく失敗し、本来国民の財産であった郵政事業の価値を毀損《きそん》した。要は外資や国内の金融業界の食い物にされたのである。

もちろん、公営事業にありがちな官僚的前例主義や無責任体質、政治介入などは論外だ。アニマル・スピリッツと呼ばれる利益への飽くなき欲求がイノベーションの重要な原動力となっていることも間違いないだろう。だが、民間に委ねたほうがいい業種と、民間に委ねるべきではない業種については、きちんと整理し直したほうがいい。

それほど難しいことではない。筆者の考える重要な基準は（一）ほぼ例外なく皆が利用するものかどうか、（二）それが独占的に供給されるものかどうか——の二つだけである。

水道がよい例だが、この両方を満たす場合は、それを民間企業が提供するという発想のほうがどうかしている。

鉄道も、競合路線があるような大都市圏の一部を例外として、限りなく両方の基準を満たしている。少なくともヨーロッパ各国では、ドイツもフランスもイタリアもスペインも、そのような認識に立って鉄道は国営である。しかも、鉄道の例で言えば、日本の鉄道の定時運行は世界に冠たるものだが、需要に応じて値段を上下させるダイナミック・プライシングやネットでの切符購入など、ヨーロッパの国鉄のほうが明らかに先を行っているものもあり、民営のほうがサービスで優れているとは必ずしも言えない。

水道や鉄道に限らず、これまで世界中でさまざまな経営方式が試みられ、失敗例も成功例も蓄積されてきている。日本でも、過去の決定にとらわれることなく、何が利用者のために最善なのかという観点から不断の見直しをするべきだ。

# 第六章

# 少子化と教育——個人はどこまで負担すべきか

## 最も成功した社会主義国？

日本社会を表す言葉として人口に膾炙《かいしゃ》したものの一つに、「最も成功した社会主義国」というものがある。これだけ格差拡大が意識され、子どもの貧困も深刻な問題となった今となっては、日本を社会主義的だと考える人は減っており、もはや死語と言って差し支えないかもしれない。

それでもたまに、子どもの運動会の徒競走に順位を付けないような平等主義や、政府による民間の経済活動への過度な干渉（レバ刺しの提供を法律で禁止し、客の求めに応じて提供した焼肉店店主を逮捕する国など、本物の社会主義国でもないかもしれない）を指して、今でも用いられることもある。

ただ、国の財政の在り方を見る限り、日本は社会主義的とは程遠い。

まず、国民全体の所得の中からどれだけが税金と社会保険料で取られているかを示す国民負担率を見てみよう。日本は四七・九パーセント（二〇二〇年度）で、ネットでは江戸時代の苛烈な年貢の取り立てになぞらえて「五公五民」（五割が税金として取られる）というキーワードが話題となった。

ただし実はこの水準は、国際比較ではそれほど高くはない。先進七ヵ国（G７）で比較す

図②　国民負担率のG7比較（2020年のデータ）

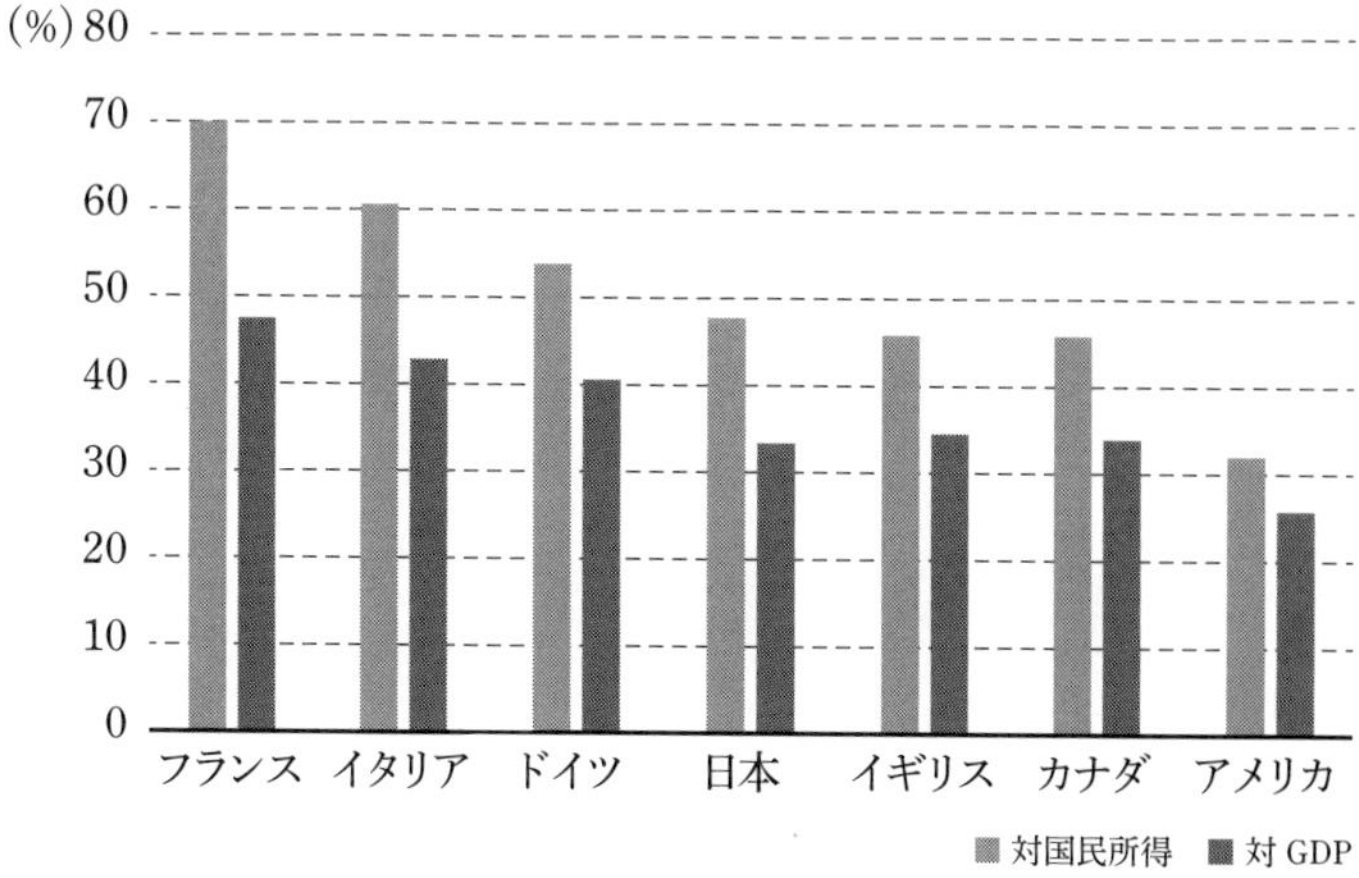


ると、国民負担率が最も高いのはフランス（六九・九パーセント）で、イタリア（六〇・八パーセント）、ドイツ（五四・〇パーセント）、日本と続く。日本より低いのは、イギリス、カナダ（ともに四六・〇パーセント）、アメリカ（三二・三パーセント）で、日本はＧ７中ちょうど真ん中となる。なお、国民負担率にはＧＤＰに対する税・社会保険料で算出する方法もあるが、これだと日本はアメリカに次ぐ低さとなる（データはいずれも二〇二〇年）。

## 社会保障は中程度だが

　中程度の負担に対して、給付の水準はどの程度なのだろうか。年金や医療、生活保護といった社会保障支出の給付総額の対ＧＤＰ比で見れば、日本はこれもちょうど真ん中に位置する。

ただし、中身を詳細に見ると、日本は人口の高齢化から年金や医療が社会保障支出に占める割合が高く、低所得層に対する家賃補助など、諸外国では当たり前となっている住宅関連の支出がほとんどないなど、見劣りする項目もある。

さらに圧倒的に足りないのが、教育関連の支出だ。初等教育から高等教育までの政府支出の対GDP比を比較すると、フランスが四・七パーセントで最大なのに対し、日本は経済協力開発機構（OECD）加盟国の平均四・三パーセントも下回り、三・〇パーセントで圧倒的に最下位である。

ハーバード大学の一年間の学費が授業料だけで約五万四〇〇〇ドル、寮費なども合わせると約八万ドル（約一二〇〇万円）に上るようなアメリカよりも教育への公費支出が少ないというのは驚きだが、返済不要の奨学金が国際的にもまだまだ少ないことなどが大きな要因として挙げられる。

また、大学や大学院までの高等教育も無償なのが当たり前となっているヨーロッパ諸国と比べると、ようやく少しずつ返済不要奨学金などを拡充してきているとはいえ、本人負担が原則の日本は相当見劣りするのが現状だ。

大学が無料というのはどういうことなのか、日本にいてはイメージがつかみにくい。そこで、北欧フィンランドの大学に日本から留学した女性に話を聞いた。

図③　社会支出の対GDP比（%、2022年）

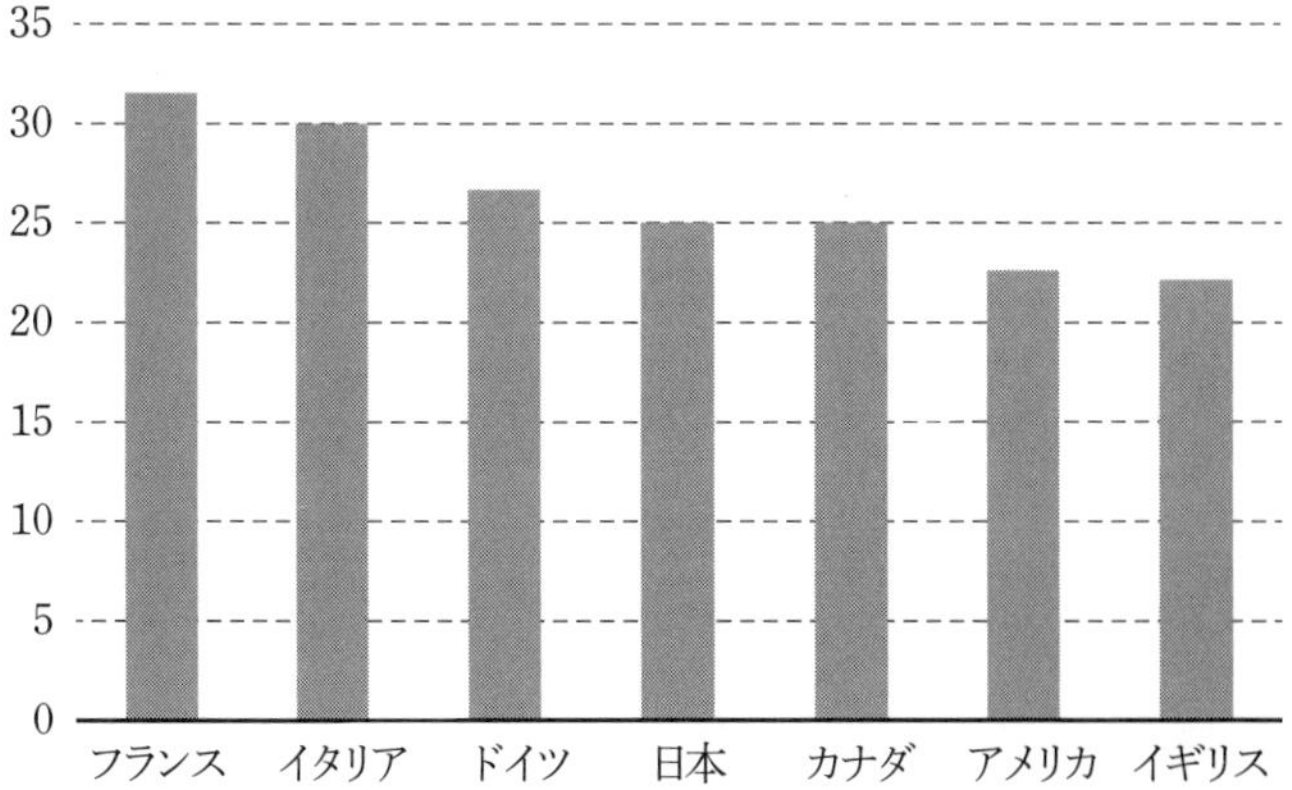


図④　教育への公的支出（%、2020年のデータ、対GDP比）

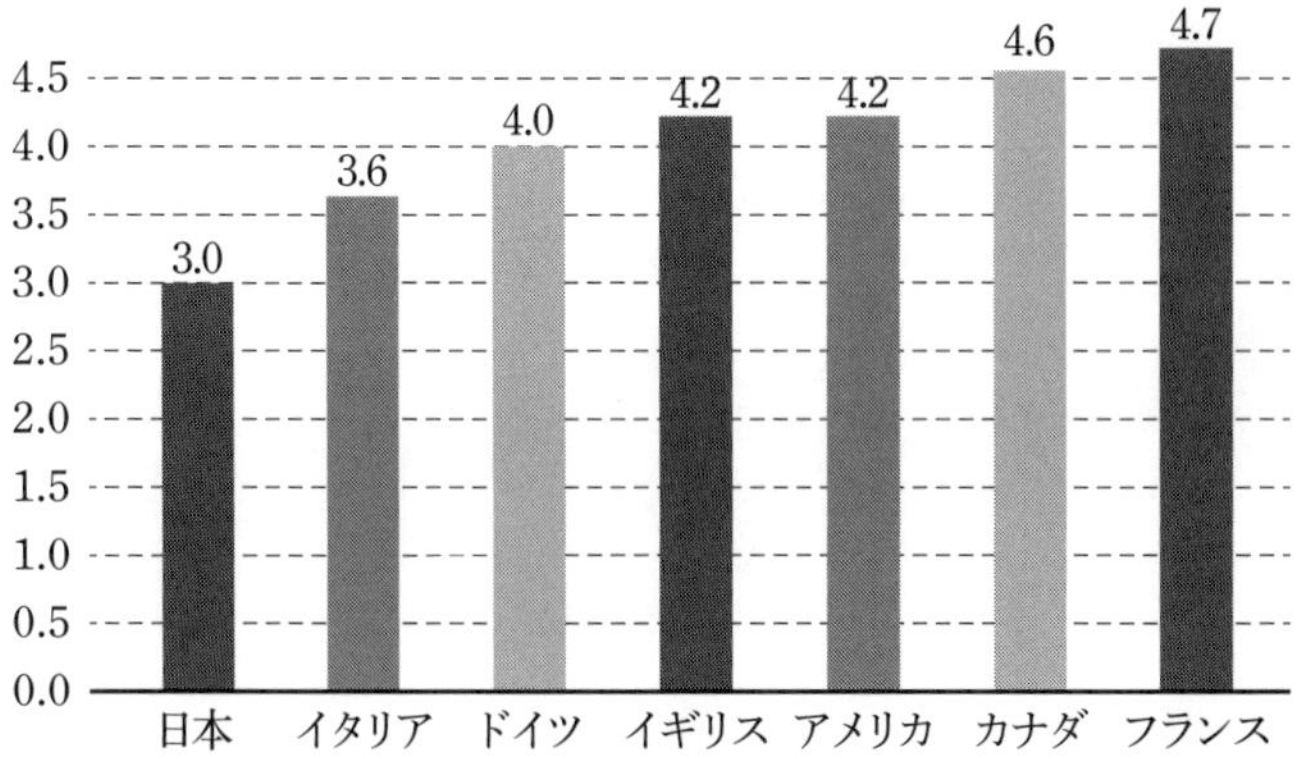


（出典）Education at a Glance, 2023

## 外国人でも無料

「外国人の私でも、本当にただで大学に行かせてくれるの？」

フィンランドの首都ヘルシンキ近郊に住む木村愛恵《いとえ》（二八）がこの国に来たのは二〇一五年冬だった。

埼玉県の公立高校を卒業後、短期の就労が可能なワーキング・ホリデー制度を使って英国で働いた。大学進学も考えたが、英国の大学の学費は日本よりはるかに高い。そんなとき、フィンランドなら英語で授業が受けられ、外国人でも学費が無料だと知り、受験を決めた。

大学とはお金がかかるものだと思っていた木村にとって、学生生活は驚きの連続だった。所得制限はなく、誰でも学費は無料。学生寮の家賃は月二九〇ユーロ（約四万五〇〇〇円）と安く、学生食堂の食費も約半分を国が補助する。フィンランド人ならさらに学生手当や住居手当で月五〇〇ユーロ前後を国から受け取れる。

三年間でマーケティングなどの学士号を取り、現地でファッション関連の企業に就職した。

フィンランドは二〇一七年以降に入学した欧州連合（ＥＵ）域外の学生に対しては、英語で教えるコースでは学費を徴収するようになった。だが、自国語のコースや博士課程は無料のままだ。

自身も留学し、『フィンランド人はなぜ午後四時に仕事が終わるのか』などの著書がある堀内都喜子は「大学院まで無料が当たり前で、生活費補助もあるため、この国では子どもの教育費のために親が貯金するという発想がない」と話す。

学生ローンは存在するが、交換留学や旅行で海外に行くためなどに借りることが多いという。一定期間内に卒業できれば、返済の一部は政府が肩代わりする。

大学教育が無料なのはフィンランドだけではない。経済協力開発機構（ＯＥＣＤ）によると、スウェーデンやノルウェーなど他の北欧諸国も軒並み無料だ。ドイツやフランスも、国公立大の一年間の学費は平均で数百ユーロと、日本の感覚では無料に近い。

## 税負担で可能に

もちろん無償化は高い税負担によって支えられている。税と社会保険料が国民所得に占める割合を示す国民負担率（二〇一九年）は、フィンランドの六一・五パーセントに対し日本は四四・四パーセントで、先進国では低い部類に入る。

日本に限らず増税への拒否感は強い。だが、人が社会の中で生活するのに必要な医療、教育、介護などを「ベーシックサービス」として、消費税を上げることで無償化することを提唱するのが、慶応大教授（財政学）の井手英策だ。

消費税一パーセント分の税収は約二兆四〇〇〇億円。井手は、消費税率を一パーセント上げるだけで大学の授業料はすべて無償化できると訴える。仮に六パーセント引き上げれば、医療や介護だけでなく、義務教育に伴う給食費や修学旅行費といった自己負担まで無料にできると試算する。

井手英策教授（写真提供、共同通信社）

その上、低所得の約一二〇〇万世帯には月々二万円の住宅手当を支給することも可能だという。年収二〇〇万円以下の世帯の場合、消費税率六パーセントの引き上げによる追加支出は年間約一〇万円で、年二四万円の住宅手当だけで負担増加分を上回るとそろばんをはじく。

## 低所得でも安心を

低所得層への支援としては、一定の現金を給付する「ベーシックインカム」がより知られている。だが、現金給付は二〇二〇年に政府が行った一人一〇万円の特別定額給付が約一三兆円かかったように膨大な予算が必要になる。

本来の目的以外の使用の恐れもあるのに対し、教育でも介護でも、サービスの現物給付ならばそうした可能性は限りなく低い。井手はこれらに所得制限を設けず、皆が負担し、皆が受益者になる方式にすることが社会の分断を招かず望ましいと主張する。

「資本主義の先の社会を一足飛びに目指すのではなく、次の時代に行くまでの歴史の踊り場を現実的に乗り切る仕組み」としてベーシックサービスを位置付ける。「世帯年収三〇〇万円のカップルでも、医療や大学までの教育が無料なら安心して子どもを産める」

前出の木村はその後、勤め先の業績悪化により整理解雇に遭ったが、月約一五〇〇ユーロの失業手当を国から受け取りながら、新たな職に就くためにプログラミングの専門学校に通うことを決めた。もちろんここでも学費は無料だ。

現在はこの学校で学ぶが、失業と再教育が珍しくないため、一〇代から四〇代まで幅広い年齢層の級友に囲まれる。毎年四週間は連続して休暇が取れる労働環境にひかれ、永住も考え始めた。

大学・大学院という高等教育まで無償化した国々では、どのような考えの下にそうした政策を採っているのか。フィンランドで教育行政の事務方トップを長年務めるアニタ・レヒコイネン氏に話を聞いた。

「無償教育に強い支持」　フィンランド教育文化省事務次官　アニタ・レヒコイネン

――大学無償化の目的は。

「フィンランドでは伝統的に平等を重視する立場から、大学教育は無償となってきた。家にお金がないからといって大学進学の機会が失われることがあってはならないという考え方だ。また、フィンランド自体の経済構造の変化により、より多くの職が大学教育や高等専門学校レベルの知識を必要とするようになった。

国としても、より多くの人が高等教育を受けていることによって、国際競争上、より有利な立場に立つことができる。フィンランドではＩＴ産業が非常に重要な地位を占めているが、イノベーションが起きるようにするには、少なくとも六〇パーセントが高等教育を修了している必要があるとの試算もある。

また、フィンランドでは累進性の強い税制を採用しており、収入が多いほど税金も多く支払う。高等教育の機会をより多くの人に開くことは、社会的、経済的に多くの利益をもたらし、無償化への投資を正当化するというのがわれわれの考えだ」

**――奨学金を充実させるだけでは不十分なのか。**

「どういう方式がより社会にとって良いのかという計算の結果だ。フィンランドでも両親の学歴が高ければ、子どもも大学まで行く可能性が高いという傾向がある。彼らは学費を自分たちで支払うべきではないかという意見もある。

だが、より大きな全体像を見るべきだ。われわれとしてはすべての国民に、喜んで税金を払ってもらえるようにしたい。もしさまざまなサービスが自分たちに開かれたものでなく、お金を払わなければいけないとなれば、高い税金の支払いを躊躇する人々も出てくるのではないか。フィンランドでは今までのところ、すべての人の教育無償化は左から右まですべての政党によって強く支持されている」

**――フィンランドは二〇二一年、高校までの教育を義務化した。**

「政府にとっては大変大きな決断だっ

アニタ・レヒコイネン事務次官

た。フィンランドでは長い間、高校教育までを義務化するかどうか議論されてきたが、決め手となったのは、少なくとも高校を卒業していないと労働市場で職を得ることは難しいという現実だ。フィンランドの高校に相当する教育段階では、一般的な高校教育と職業訓練があるが、いずれもその先の大学進学に道を開くものだ。つまり、勉強を続けるにも働くにも、このレベルの資格が必要だというところまでを義務化することにした。

フィンランドでは毎年、約一五パーセントが高校に進学していなかった。われわれはこの高卒資格を持たない一五パーセントの人たちに対する予算措置や政策を執ってきたが、ほとんど効果を持たなかった。一五パーセントは高校を卒業せず、社会の中で難しい境遇に置かれるという状況は長い間変わらなかった。彼らは仕事にも就けず、大学に進学することもできなかった。

制度改正の結果、一八歳までの教育が義務化され、（一八歳で高校を卒業できなくても）さらに本人負担なしで二〇歳までは高校段階の教育を受け続けることができ、高校教育を終えるのに十分な時間がある。もともと授業料は存在しないものの、これまではパソコンや教科書は生徒が自ら支払わなければいけなかったが、今後は政府がすべて支払う。フィンランドの未来と若い人たちに対する大きな投資だ」

**——反対はなかったのか。**

「長年、主な反対論は、高校を卒業しない一五パーセントに的を絞れば、財政支出を減らせるというものだった。それに対する政府側の反論は、誰がその一五パーセントになるのか事前にはわからず、その人たちは大学進学も就職もできないことによって、簡単に社会から締め出されてしまう恐れがあるというものだ。

高校に進学しないのは、経済的な理由による場合もあるが、ほかの理由の場合もある。希望する学校に入れなかったからという場合もあるし、メンタルヘルス（心の健康）上の問題や家族の状況が理由となることもある。

だが、義務教育化するということは、生徒たちが学習できるように面倒を見て支援することを学校側に義務付けるということでもある。そうした強いメッセージを義務化で発信できると考えた」

**──一方でフィンランドの合計特殊出生率は一・四六（二〇二一年。日本は一・三〇）と、先進国でも低い部類に属する。**

「大変心配している。母親だけが何年も子育てにかかりきりになってキャリアをふいにすることがないよう、両親への給付を増やすなどしてきた。それらの制度改正によって、父親にとっても、制度を使って小さい子どもと家にいたほうが実入りが多いような仕組みにした。保育にかかる費用も大幅に減らした。産休を終えて仕事に戻るころには、通常は子どもの預け先があり、料金は政府補助によって大幅に抑えられている。有料でも上限は月二五〇ユーロまでと決まっており、非常に多くの家庭はまったく払う必要がない。少子化は西洋の豊かな国の多くで起きており、社会的・文化的な背景があるのかもしれない」

× ×

アニタ・レヒコイネン　一九八九年教育省（当時）入省。高等教育担当の局長などを経て、二〇一三年から現職。

## まとめ あまりに低い日本の公的補助

大学は無償で行けるようにするべきか。学費がかかることが当たり前の日本からすると意外なことだが、世界的には無償または極めて低額の国も多く、日本の学費は高い部類に属する。

ＯＥＣＤの最新版の報告書（二〇二二年）でＧ７を比較すると、図⑤のようになる（物価水準を考慮した購買力平価基準での比較）。学費以外にも奨学金制度の充実度などによっても学生や親の負担は変わってくるが、日本の学費が決して安くないのは一目瞭然だろう。なお、同報告書によると、スウェーデン、デンマーク、フィンランド、ノルウェーの北欧四ヵ国はいずれも無償である。

日本でこの議論をすると、無償化に反対する人たちからは主に二つの反論が返ってくる。一つは、「大学進学で利益を得るのは何より本人なのに、なぜ国がお金を出す必要があるのか」というもので、もう一つは「なぜ勉強もせずモラトリアムを無為に過ごすだけの学生にまで国がお金を出す必要があるのか」。その二つとも重なるが、「経済的な事情から大学進学

図⑤　G7各国の大学学費

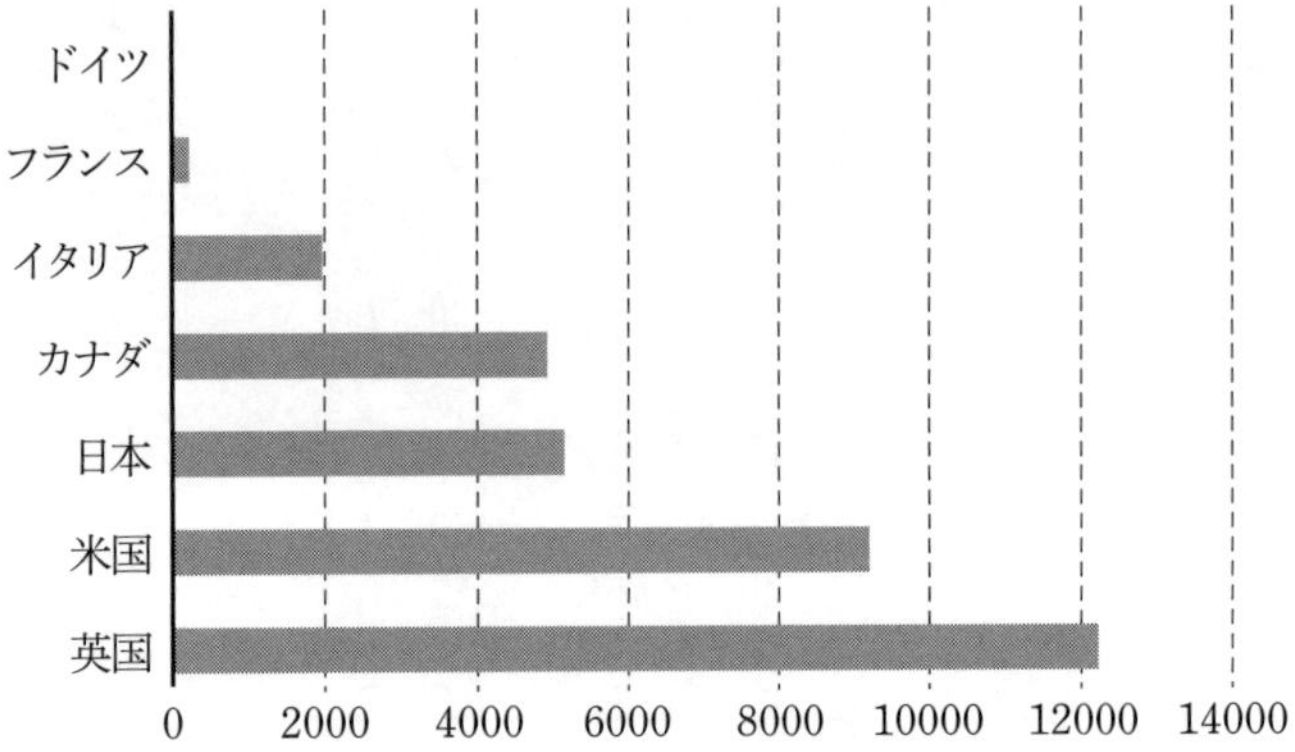


単位：ドル。国公立大学の学部授業料平均
英国はイングランド。ドイツは州によって異なるが、無料が多い

をあきらめて高校（あるいは中学）卒業後に働いている人も納めた税金で学生を支援するのはおかしい」という論点もよく提起される。

これらはいずれも一見、筋の通った反論である。まず、労働政策研究・研修機構の「ユースフル労働統計（二〇二二）」によると、平均的な高卒正社員男性の生涯賃金の推計は二億五四一〇万円なのに対し、大卒正社員男性の場合はそれが三億二七八〇万円まで跳ね上がる（いずれも退職金と定年後の平均引退年齢までの非正社員としての収入を含む）。生涯で七〇〇〇万円も収入が変わってくるならば、奨学金を借りて大学に行っても、十分お釣りがくるではないかという理屈はもっともらしい。

だが、このロジックの重大な欠陥を二点指摘したい。一点目は、そのような理屈で大学進学への経済的な障壁を維持し続けることは、結局、余裕のある人だけが大学に行けるという状況を温存し続け、格差を再生産することにつながるということだ。長い目で見れば奨学金を借りてでも大学に進学したほうが本人にとっても得な選択肢だとしても、一日でも早く就職して家計を助けなければならないという状況は十分あり得る。

また、奨学金を借りても十分なお釣りがくるというのは、あくまで統計的に見ればという話であり、実際には中卒や高卒でも事業で成功する人もいれば、大学院博士課程まで修了しても窮乏生活を送る人もいる。さまざまな可能性が考えられる中で、進路選択に直面する本人が、安全策として一日でも早く収入を得ることができ、親の負担もなくせる就職を選んだとしても何ら不思議はない。

実際、東京大学大学院教育学研究科の大学経営・政策センターが二〇〇六年一一月に行った「高校生の進路に関する調査」によると、その年に高校を卒業し、進学せずに働いている回答者の四四・四パーセントが「経済的に進学が難しかった」と回答している。

政府はようやく重い腰をあげ、二〇二〇年から日本学生支援機構の給付型奨学金を拡充したが、奨学金があっても多くの場合、それだけで生活費まですべてカバーできるわけではない。給付型支援の対象も本稿執筆時点では住民税非課税世帯とそれに準ずる世帯（年収の目安三八〇万円未満）に限られているが、その枠に入らなくてもさまざまな事情から大学進学の余裕がないと感じる子どもや、行かせる余裕がないと考える親も多いだろう。

政府は二〇二三年一二月、「異次元の少子化対策」の目玉として、三人以上の子どもを育てる家庭に対して大学を無償化する方針を打ち出した。だが、三人とも扶養下にあることが条件で、たとえば第一子が大学を卒業して働き始めたら下の子も対象外となる。また、「貧乏人の子沢山」ということわざとは裏腹に、現代では収入が高い層ほど子どもが多い傾向があることも研究で明らかになっている。完全な無償化に向け一歩前進とも言えるが、多子世帯に限定した支援は多くの場合、児童手当の所得制限緩和と同じようにさらなる高所得者優遇になってしまう点でも問題だ。

もう一点の大きな誤りは、レヒコイネン氏の発言からもわかる通り、国として考えるべきは個人の利害得失ではなく（個人の幸福はもちろん大事だが）、国家にとっての費用と便益である。

先ほどの生涯賃金の例で話を単純化すると、二〇二二年度の大学進学率は五六・六パーセントだが、人口の五六パーセントが三億三〇〇〇万円の生涯賃金を得ることができ、残りは二億五〇〇〇万円の生涯賃金しか手にできない国と、たとえば九割が三億三〇〇〇万円を稼げる国なら、どちらがより多くの税収を得られるだろうか。また、どちらが国際競争力という点で優位に立てる可能性が高いだろうか。

「勉強せず遊んでいるだけの学生になぜお金を出すのか」という疑問への答えはさらに簡単だ。進級や卒業の要件を厳しくして、遊んでいるだけでは卒業できないようにすればいいだけである。よく言われることだが、これは有償か無償かにかかわらず、多くの国の大学で当然に実践されている。また、有償であってもほとんどの大学に補助金が入っているわが国でも、本来当然実施すべきことでもある。

どんな大学でも、たとえばすべての科目について一律で成績下位二〇パーセントは単位を与えないといった運用はやろうと思えばすぐにでも可能だ。それに反対する大学関係者は、単なる職務怠慢としか思えない。落第させるにはその根拠となる精緻で客観的な成績評価が必要になり、それよりもほとんどの学生に単位を与えてしまったほうがはるかに楽だからだ。

大学進学をあきらめて就職した人が働いて納めた税金を大学生支援に使うのか、という論点は、感情論としては理解できる。ただ、制度変更の前後で損をしたと感じる人たちが一定数生まれることは致し方ない。

こうした不公平はたとえば幼児教育・保育無償化の前に子どもを幼稚園や保育園に通わせた場合や、不妊治療の保険適用前に不妊治療を終えた場合も同じだ。また、一定の時期を過ぎたら使えなくなるそれらの補助と違って、大学に通うことは高校卒業から何年たっていても原理上は可能であり、公平性の観点からも比較的問題は小さい部類に入るだろう。

ここでは高等教育の例を取り上げたが、ほかにもここでは触れなかった住宅補助など、他国では当然の権利だと考えられているが、日本では個人がすべて負担するべきだと思われているものもある。

それでは、そのためのお金は誰がどうやって出すのか。オーソドックスな財政論の立場からは、恐らくは消費税が最も適した財源ということになる。法人税や所得税のように景気変動とともに大きく税収が上下することもなく、広く薄く皆が負担するため、重税を逃れてお金持ちが海外に移住したり企業が本社を海外に移転させたりするような事態も起きにくい。なにより、日本の税率一〇パーセントは二〇パーセント超えも珍しくない欧州諸国と比べると、まだまだ引き上げの余地があるようにもみえる。

それはそれで一つの考え方ではある。しかし、本当にそれしか道はないのだろうか。

次章では、財源は本当に税か借金（国債）しかないのかという問題について、改めて考えてみたい。

# 第七章

# そのお金はどこから来るのか――財政健全化論争の真偽

## 「ザイム真理教」と呼ばれても

財政の在り方を巡っては、借金（国債発行）を極力抑え、身の丈に合った暮らし（＝税収の範囲内での政府支出）を目指すべきなのか、それとも、財政赤字を許容してでも、将来のための投資や景気の下支えに使うべきなのかという論争が長らく日本でも海外でも続いてきた。

財政再建派や緊縮財政派などと呼ばれる前者の主張は大体こうだ。歳出を削減して困る人がいたとしても、借金頼みの財政を続けていれば、いずれ金融市場の信頼を失う。これまで日本国債を買ってくれていた銀行などが、借金を返済する日本政府の意思や能力を疑い始めれば、われ先にと国債を投げ売りし、政府が借金する際の金利が高騰、財政危機になるか、円が売られて通貨危機になるか、あるいはその両方が起きる。株価も下がるし、円の急激な減価を通じて悪性のインフレも起きるだろう。そうなったときの国民生活への影響は甚大で、多少の痛みを伴ってでもその前に歳出を削減し、増税などで歳入を増やす努力を進めなければならない。財政危機がいつ来るのかはわからないが、目先の痛みを恐れたり、次の選挙で当選することしか考えていない政治家の圧力に屈したりして放漫財政を続けてはならず、将来世代のために財政健全化を進めることこそが責任ある行動である。

政府内で財政を直接預かる財務省の官僚はほぼ一人残らずこの立場だ。そこにほとんどの主流派経済学者やエコノミストも、そして新聞やテレビの大手メディアもおよそ例外なく同調してきた。

正直に言えば、私もその一人だ。長年財務省を取材してきた実感として、日本のトップエリートとされてきた彼らは、鼻持ちならないほどプライドが高いことはあっても、私心を持って仕事をしていると感じたことはほとんどない。彼らは「ザイム真理教」などと揶揄《やゆ》され、増税を試みて多くの国民の目の敵にされながらも、まさにその国民の生活や未来を守るためと信じ、それこそ殉教者的なひたむきさで職務に向き合っている。こう書くとあまりに単純だが、彼らほど（少なくとも偏差値的な尺度では）優秀な人たちが真剣に信じている「教義」ならば、恐らく正しいのではないか——これが私の出発点だった。もちろん、日米開戦を決めた戦前の軍部も当時の日本ではトップエリートだったわけだが。

## 変わる潮目

これに対し、積極財政派や拡張財政派と呼ばれる人たちは、これまで多くが長期的には財政健全化の必要性を認めつつも、順番として、経済全体で需要が供給を下回っている状態（経済学的には需給ギャップあるいはＧＤＰギャップがマイナスと表現する）が続く間は、足りない需要は財政支出で補う、つまりは余っているモノやサービス、労働力は、国がお金を出すことで直接、間接に買い取ることを主張してきた。財政健全化はそうして十分に民間の需要が強くなり、需給ギャップの穴埋めを公的支出に頼らなくてもいい状態を作り出してから進めればいい。また、そのようにして経済自体を強くしてから進めたほうが、「急がば回れ」で近道ではないかというのが伝統的な積極財政派の主張だった。

彼ら積極財政派の多くも、国の財源には限りがあり、税収で足りない分は国債を発行して調達するしかないとの見解を共有する。ただ、国債は何も民間金融機関でなくても、日銀に買わせることもできる。現に日本銀行が国債をどんどん買い上げてきた結果、国債発行残高の半分以上を日銀が保有する状態となっているが、それが（中央銀行が通貨発行権を使って——しばしば「お札を刷って」と比喩的に表現される——政府を直接支える）「財政ファイナンス」だと財政再建派から批判されても、金利は上がっておらず、財務省が数十年来起きると言い続けてきた財政危機などまったく起きていない。現実に起きていることを見れば、毎年巨額の財政赤字を出し続けても、問題など起きないことは明白ではないか——というのが彼らの主張だ。

前述の通り、日本では特に、財務省的ともいうべき主流派がアカデミズムの世界でもメディアでも強い影響力を持っている。当の財務省も（実際の予算編成がどうなっているかはさ

図⑥　大きな財政赤字は経済に悪影響を及ぼす

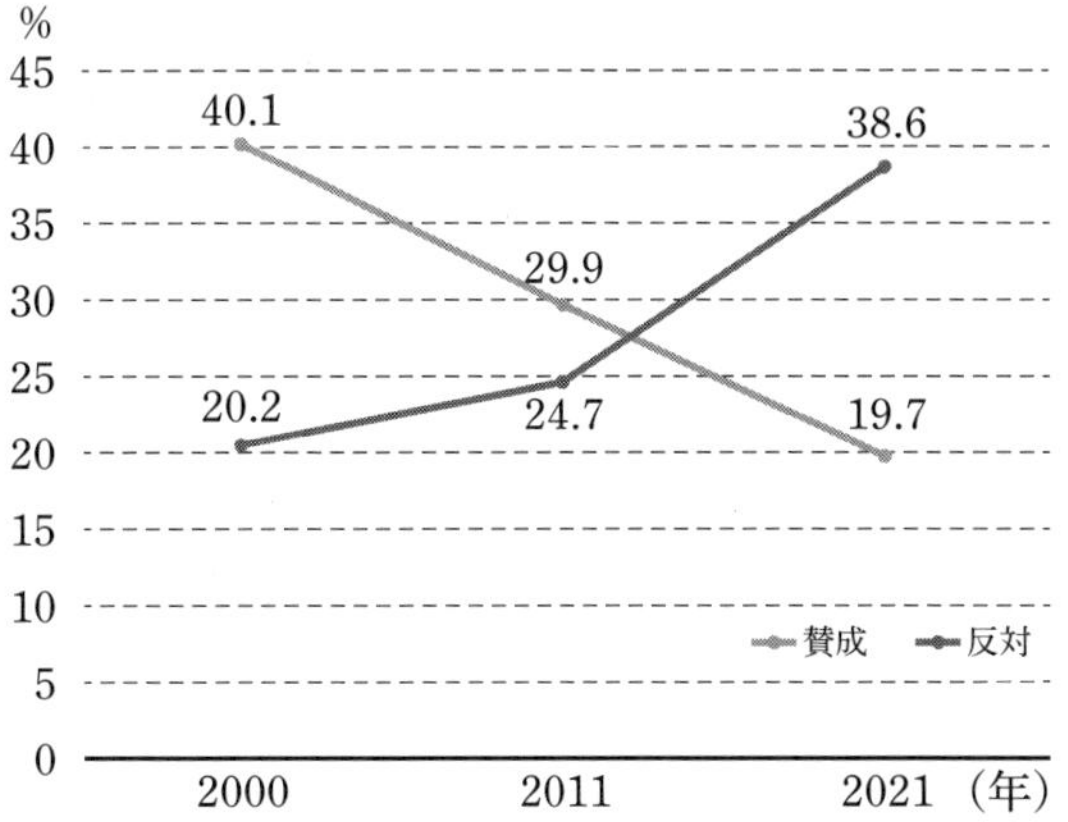


(出典) Geide-Stevenson and Parra Perez, 2021

ておき)原理原則としては財政健全化の必要性に関して異論を許さない組織風土があるため、積極財政派は異端視されることが多い。ただ、海外に目を転じれば、ポール・クルーグマンやジョセフ・スティグリッツなど、ノーベル経済学賞受賞者の中にも積極財政を唱える専門家は一定数いる。

米国経済学会の会員を対象としたアンケートでは、「大きな財政赤字は経済に悪影響を及ぼす」という項目に対し、二〇〇〇年の調査では四〇・一パーセントが賛成し、反対は二〇・二パーセントしかいなかったが、二〇二一年の調査では賛成一九・七パーセント、反対三八・六パーセントと、賛否が逆転した。少なくとも、最新の知見が集録されているアメリカでは多くの経済学者が信じているアメリカでは、潮目は変わってきているようだ。

## 財政論と左右のねじれ

興味深いのは、ほかの多くの政策論議と異なり、財政論を巡っては左派（リベラル）、右派（保守）という伝統的な政治スタンスが相当入り乱れているということだ。

通常、左派は大きな政府、つまり福祉国家的な高負担高給付の財政を指向し、右派は小さな政府を指向する。ところが特に日本では、保守勢力の頭目ともいうべき立場にあった故・安倍晋三自らが首相在任中に積極財政派の代表的論者である髙橋洋一・嘉悦大教授や藤井聡・京都大教授を、内閣参事官や内閣官房参与に任命するなどし、積極財政的なアプローチを採用した。その後の新型コロナ禍で大規模な政策対応を余儀なくされたこともあり、財政赤字を度外視するかのような歳出拡大は現在に至るまで続いている。これに対し、さすがに野党は歳出拡大に反対こそしないが、朝日新聞などリベラル色の強いメディアは、財政規律の堅持を求める立場から社説などで反対してきた。

少なくとも過去には欧米でも同様のねじれが見られ、クリントン大統領が率いた米民主党政権は財政再建を進めて財政黒字を達成したし、英国のブレア、ブラウン両首相の下での労働党政権も同様に財政規律を重視し、緊縮財政を敷いた。昨今でこそ、米民主党のバイデン政権は新型コロナ禍を受けて大規模な財政出動にかじを切り、ブラウン政権（二〇〇七〜二〇一〇年）以来となる政権与党返り咲きの可能性が高まっている英労働党も大きな政府路線に回帰しているが、両党とも左派的なアイデンティティーを離れ、新自由主義的な財政健全化路線に走ったことが支持率下落につながったとの指摘がある。

## 現代貨幣理論（MMT）の登場

こうした財政再建派と積極財政派の対立をよそに、まったく新しい理論として近年存在感を増してきたのが、現代貨幣理論（MMT）だ。

MMTは一九九〇年代半ばにオーストラリア・ニューカッスル大のウィリアム・ミッチェルが初めて提唱し、その後、アメリカでL・ランダル・レイ、ステファニー・ケルトンといった学者の支持を得て日本でも二〇一〇年代末から急速に注目を集めた。もっと財政支出を増やすべきだという結論においては積極財政派と重なる部分も多いのだが、その結論に至るまでの筋道が大きく異なる。

詳しい説明はさまざまな解説書が出ているので、それらに譲るが、MMTは、通貨発行権を持つ国の財政制約は存在しないとの立場をとる。厳密に言うと、変動為替制と管理通貨制を採用しており、外貨での借り入れがない国は、いくらでも通貨を発行することによって財政支出を賄うことができるというものだ。

管理通貨制とは金本位制の対語で、金本位制は国が保有している金の価値を裏付けとして通貨を発行するため、金の保有量の範囲内でしか通貨を発行できない。これに対し、管理通貨制では単なる紙切れに過ぎない紙幣に価値を保証するのは政府の信用に過ぎず、発行可能量に上限はない。

また、主流派経済学では、通貨を発行する中央銀行（日本なら日銀）と政府は区別して考えるが、MMTでは中央銀行はその法的な位置付けにかかわらず、実質的には政府の一部門に過ぎない（統合政府）との考えを採る。安倍晋三元首相も生前、「日銀は政府の子会社」だと発言し、「中央銀行の独立性を軽視するものだ」と野党などから批判されたが、MMT的にはこの発言は当たり前の事実を述べただけということになる。

## 貸し手のいない「負債」

MMT的な考え方が具体的にどういうことを意味するのか、政府が公共事業を発注する場合を例にとって見てみよう。政府はあらかじめ国会で議決を得た予算に基づき、たとえば一億円で道路の補修をゼネコンA社に発注する。政府はA社がB銀行に持っている口座に対し、一億円の振り込みを日銀に指示する。現行のルールでは、この一億円は国の歳入の中から支出することになっている。歳入とは、大まかに言って税金と公債金、つまり国債を発行して民間から借りるお金の合計だ。

しかし、歳入の範囲内で歳出（政府の支出）を賄わなければいけないというのは、あくまで政府が自らを縛るルールとして定めたものである。ルールの存在さえ脇に置けば、B銀行にあるA社の口座に対して一億円を振り込むよう政府が日銀に指示するのに、原資は必要ない。日銀がB銀行に一億円を送金する際も、単に帳簿（電子データ）の上で一億円を書き足すだけで、何らかの資産による裏付けが必要になるわけではない。厳密に言うと、その一億円は日銀の負債として計上されるが、企業や家計の借金とは根本的に異なり、その負債は返す必要もなければ、誰かに返済を迫られる恐れもない。というか、そもそも貸し手は存在せず、ただ便宜上、一般的な貸借対照表のスタイルに則って負債として計上しているだけである。

## 異なる解釈

以上はどんなに厳格な財政健全化論者でも否定できない事実だろう。大きく異なるのは、それが何を意味するかだ。ＭＭＴ論者は、ゆえに財源など気にする必要がないと考える。ただ、およそすべての国で、歳出は歳入の範囲内で賄うルールになっている。多くの積極財政派も含めて伝統的な見方は、金本位制から管理通貨制に移行して以来、貨幣の価値を裏付けるものは政府の信用に変わったため、その信用が何よりも大事で、信用を維持するためにはそうしたルールが不可欠だからだと考える。

MMTは、こうしたルールは今日では必要なく、にもかかわらず存在するのは、アメリカが金本位制を採用し、多くの国が自国通貨と米ドルの固定相場制を採用していたブレトンウッズ体制のなごりで一種の思い込みに過ぎないとの立場をとる。一九七一年に米ニクソン大統領が金とドルの交換停止を発表し、ブレトンウッズ体制が崩壊したことにより（ニクソン・ショックやドルショックとも呼ばれる）、実際は不要になったにもかかわらず、いわば惰性で残り続けたとの解釈だ。

固定相場制の場合も、たとえば日本は一九七一年まで一ドル＝三六〇円の固定レートを採用していたが、無制限に貨幣を発行すると、変動相場制では円の下落というかたちで調整がなされるが、そうした調整はできなくなる。決められた交換レートを維持するためには政府・日銀がドル売り円買い介入をすることが必要になるが、自由に刷れる円と違ってドルの保有量には限りがあるため、レートの維持ができなくなる。

なお、過去にアルゼンチンやロシアがデフォルト（債務不履行）に陥ったのは、外貨（主に米ドル）での借り入れがあったためで、この場合の返済能力も外貨保有量及び外貨獲得能力に縛られ、変動相場制をとっていたとしても財政には大幅な制約が課せられる。財政危機に陥り、同じくデフォルトしたギリシャも、ユーロは自国の法定通貨だが、発行権はドイツ・フランクフルトにある欧州中央銀行（ECB）にしかなく、事実上外貨で借り入れ、外貨建てで経済を運営しているのと変わらない。

MMT的な考え方でいけば、管理通貨制と固定相場制をとる限り、国家は好きなときに好きなだけ自国通貨を発行し、少なくとも国内で販売されるモノやサービスを買うことができる。あるいは年金をはじめ、各種の給付を行うこともできる。また、税収が足りないからといって国債を発行して借金をする必要も実はなく、政府は日銀に指示するだけでマネーを作り出し、伝統的に国債に頼っていた不足分をいくらでも補うことができる（これをOvert Monetary Financing＝明示的財政ファイナンスと呼び、特に後述のミッチェルはこの立場をとる）。

ならば税金を取る必要もなくなるではないかという疑問が浮かぶだろうが、MMTの考え方に立つと、税金とは財政支出の原資を作るために必要なのではない。税金は主に、所得を再分配し、社会的な公正さを高める目的と、インフレを制御するために必要だということになる。つまり、景気が過熱し、物価が上がりすぎた（あるいは上がりすぎる兆候が見られる）場合、政府は増税や歳出削減を通じて通貨の流通量を減らすことで、インフレを抑えることができる。

もう一つ、かなり抽象的だが、納税は貨幣で行われ、国家はさまざまな強制力をもって納税を義務付けることができるため、税の存在自体が貨幣に対する需要を作り出し、ひいては貨幣の価値を裏付けるとの説を採用しているのもMMTの特徴だ。

## 誤解と反論

以上がMMTの根幹部分だが、この理論は、財政のタカ派（緊縮論者）からもハト派（拡大論者）からも誤解が多いと感じる。最大の誤解は、MMT的な考え方を採用することで、野放図に支出を増やすことができるというものだ。

この誤解に基づくMMTへの典型的な批判としては、際限なく財政支出を増やすことで、ハイパーインフレや通貨価値の暴落を招くというものがある。

だがMMTの理論体系にも、財政支出の上限は明確に位置付けられている。表現は人によって多少異なるものの、趣旨としては「一国の供給力を上回る需要を作り出すことはできない」というものである。正確には、供給力を上回る需要を作ることはできるが、無理やり需要を作り出してもインフレになってすべてのモノの値段が上がるだけで、実質的な意味はなくなる。需要と供給の差は需給ギャップ（GDPギャップ）として推計されるが、内閣府の試算では日本は二〇二三年四～六月期に約四年ぶりにプラス（＝需要過多）になっており、この場合、これ以上の財政赤字拡大は必要ないことになる。

需給ギャップは七～九月期に再びマイナスに転落するが、ここでのマイナス幅も実額にして約三兆円。財政出動に関しては、毎年経済対策と称して補正予算が組まれ、多くの追加支出がなされる。その際、与党内からも「二〇兆円だ」「いや三〇兆円だ」と規模ありきの要求が出るのが常だが、多くの場合、たとえMMTを採用してもこうした要求は正当化しにくい。

このことは、財政赤字によって補うべき需要の水準が、国ごとの供給力によって異なるということも意味する。つまり、通貨発行権を持つ国はどれだけでも赤字を拡大できるといっても、そのこと自体によって、自然資源や人的資本、産業技術のレベルといった諸条件によって規定される本来の実力を超えて豊かになることはできない。日本のように、緑豊かな国土があり、産業基盤が整い、教育水準の高い労働力がある国と、内戦でインフラが破壊し尽くされ、識字率が低く、産業らしい産業もない国では、どんなに財政赤字を拡大しても、到達できる経済規模には大きな違いがある。

## 左派からも攻撃

また、仮にＭＭＴに一定の有効性があるとしても、極端に物価上昇率が低いディスインフレーションの環境下に限られるという批判があるが、これも一種の誤解かもしれない。かもしれない、というのは、ＭＭＴの理論体系の中にはインフレ抑制の仕組みも明確に位置付けられているのだが、実際に適用されたことがなく、有効性の検証が難しいからだ。就業保証（ジョブ・ギャランティー）というのがそれに当たる。インフレが過熱しそうなときは、政府は財政支出を減らし、結果として民間で生じる余剰人員を政府が雇用することで、失業を増やさずにインフレの抑制が可能だという主張だ。

ＭＭＴは、財政規律を重んじる主流経済学者だけでなく、財政支出拡大を求める左派（リベラル派）の経済学者たちからも反論されてきた。財政規律を重視して緊縮財政を求める人々をベリー・シリアス・ピープル（ＶＳＰ）と皮肉り、ＭＭＴと「基本的な政策問題では同意している」と認めるポール・クルーグマン米ニューヨーク市立大学教授（二〇〇八年ノーベル経済学賞受賞）も、インフレが起きたときに歳出を削減する現実的な難しさなどを挙げ、ＭＭＴへの反対論を語っている。

このほか、日本の財務省が二〇一九年四月に公表した「わが国財政の現状等について」という資料は、ＭＭＴに対してクルーグマンによるものも含め、米連邦準備制度理事会（ＦＲＢ）の歴代議長から「投資の神様」ウォーレン・バフェットに至るまで、多様な立場の有識者約二〇人からの反論を列挙している。

さまざまな議論があるＭＭＴが本当に意図するものはなんなのか。また日本の経済政策はＭＭＴの立場からはどう映るのか。この理論を最初に体系化し、名付け親でもあるウィリアム・ミッチェルに話を聞いた。

## 「MMTはレンズに過ぎない」　ニューカッスル大学教授　ウィリアム・ミッチェル

**――日本の経済政策について研究を始めた経緯は。**

「私が日本に興味を持ち始めたのは一九九〇年代の初めで、経済学者として働き始めたばかりのころだったが、ちょうどバブルが崩壊した。東京の不動産価格の崩壊は、他の国でそれまで見られたものとは何光年も離れたような、とにかく信じられないものだった。

ところが、一九九七年に消費税が（三パーセントから五パーセントに）引き上げられて景気が落ち込むまで、年度を通じて実質経済成長率がマイナスに陥ったのはバブル崩壊後、一度しかなかった。若い経済学者として、あれほどの暴落をどうやって大不況を起こさずに乗り切れるのかまったく理解できず、日本政府の政策に興味を持ち始めた。

あれほどのバブル崩壊がオーストラリアで起きていたら、大不況になっていただろうし、失業率も一〇パーセント程度には上っていただろうが、これも日本では起きなかった。クルーグマンをはじめ海外の経済学者たちは『失われた一〇年』などと言っていたが、私からすれば『いったい何が失われたというのか』と聞きたい。失業率はいまでも非常に低いまままだ。どうしたら『失われた一〇年』などと決めつけた見方が出てくるのかと思い、俄然興味が湧いてきた。それで日本の研究もするようになったが、経済政策や政府の構造、歴史についてはよく理解しているつもりだ。

日本の研究をするようになって、私には日本こそが私の政策の実験室だということがはっきりした。日銀はゼロ金利やマイナス金利を長年続けてきただけでなく、イールドカーブ・コントロール（長短金利操作）と彼らが呼ぶ手法を使って、すべての年限で金利を操れることを世界に対して証明した。そして財政赤字の対GDP比でも、他の国と大きく異なる赤字を長年計上してきた。日本政府と日銀は、ほとんどの国が見たことのない限界まで経済政策を推し進めてきただけでなく、それを長年維持してきた。ゼロ金利政策を四半世紀近く続けてきた、大きな財政赤字も長年計上し続けてきた。

一九九七年には保守的な経済学者の発言力が再び強くなって消費税が引き上げられ、その結果、ほぼ瞬時に不況になった。日銀総裁や財務大臣は、MMTなど自分たちの政策とはいっさい無関係だと主張するだろう。それはそれで構わないが、日本経済で起きてきたことはMMTのすべての主要な論点の有効性を証明するものだ。同時にそれは、ニュー・ケインジアンや主流派経済学の主要な命題をすべて否定するものでもある。

改めて振り返ろう。クルーグマンは一九九〇年代に日本について（財政赤字の結果）、金利が上がり、インフレが起きると予想した。クルーグマンだけではない。著名な経済学者たちは皆、国債の入札では札割れ（応募が少なく、応札額が予定額を下回る）が続き、次第に日本政府は資金調達ができなくなると予想した。

予想はどれ一つとして当たらなかった。私が大学のマクロ経済学の授業で日本のデータを示し、ゼロ金利、大規模な量的緩和、巨額の財政赤字とGDP対比で世界最大の公的債務残高から何が起きるか予想させたら、学生たちは大惨事を予想するだろう。だが、それは起きていない。なぜなら主流派経済学を構成する理論が大事なところで間違っているからだ。だが、MMTを支持する経済学者なら、起きたことをほぼ正確に予想できるだろう」

ウィリアム・ミッチェル教授

**――日本はMMTを実践しているということか。**

「よくある誤解だが、MMTを『行う』ということはあり得ない。なぜなら、MMT自体は現実を理解するための枠組みであり、政策そのものではないからだ。私はそれを、貨幣システムを見るためのレンズにたとえている。通貨発行主体にはどのような能力が備わっているか、そしてその能力を行使することによってどういうことが可能か、そうしたことを見るためのレンズ、それがMMTだ。それはより優れたレンズだ。

また、MMT自体はどんな政策を採用すべきかについて、あまり方向性を示すものではない。どんな政策が望ましいのかを考えるには、MMT的な経済の理解に加えてイデオロギーが必要になる。MMTを理解する右派は、私が必要だと考えるのとはまったく異なる政策を、経済に関する同じ理解に基づいて考えつくだろう。

別の言い方をすれば、MMTはイデオロギー、あるいは価値判断と結び付いてようやく未来の政策を示すことができる。MMTを採用したほうがいいのか、採用しないほうがいいのかと考える人が多いが、そういう人たちは、MMT自体は単なるレンズであり、現実を理解する物の見方に過ぎないということを理解していない」

**──なぜ支配層は緊縮財政を好むのか。**

「それを理解するには、現在正統派とされる経済学の起源とされる一九世紀後半にまでさかのぼる必要がある。限界分析（注：資本や労働投入量を一単位増やした際に生産がどの程度増えるかといった単位当たりの分析で、近代経済学の基本要素の一つ）という考え方がどうやって出てきたかを振り返ろう。産業を牛耳るエリートたちは、労働者階級の間でマルクス主義が支持を伸ばしていることに大変な危機感を抱いていた。

一八四八年に欧州各地で革命が起き、一八七一年にはパリ＝コミューン（世界最初の労働者政権）が樹立されるなど、マルクス主義を知り、自分たちが搾取されていたことに気付いた労働者たちによる蜂起が各地で起きた。そこでエリートたちは、資本主義が理にかなったものであると説得するための理論を探し求めた。特にアメリカでは、資本主義を擁護する理論構築のため、多額の資金が学者に渡った。その最初の成果の一つが限界生産性理論だった。

限界生産性理論は何を主張したか。それは生産に投入されたすべての要素がリターンを得られるということだ。資本家は資本を投入し、労働者は労働を投入し、皆が見返りを得る。公平なシステムじゃないかというわけだ。それが新古典派経済学が主流となった瞬間だった。つまり、私に言わせれば主流派の経済学とは常に、エリートが資本主義を正当化するための道具だったということだ。

なぜ彼らが緊縮財政を好むのか。彼らは歳出削減の矛先が軍事費などに向かい、軍産複合体からの調達を大幅に減らすような内容ならば、決して緊縮財政を好んだりはしないだろう。エリートが緊縮財政を好むのはそれが社会で最も不利な立場に置かれ、権力もコネもなく、発言力のない人たちに向けられているときだけだ。生活が苦しくなれば、彼らを低賃金で雇うことができるからだ。

一九七〇年代初頭に至るまでの約三〇年間、アメリカでは失業率は低く、労働者は十分な賃上げを得ていた。生産性上昇の恩恵を労働者も得ており、生活の質は向上が続いていた。労働組合の力は強く、格差は縮小していた。だが、資本側はそのシステムを気に入らず、自分たちの取り分がもっと増えることを求めた。全米商工会議所はルイス・パウエルという弁護士を雇って、『パウエル・メモランダム』と呼ばれる報告書を一九七一年に発表した。

パウエルに託されたのは、世界中の社会民主主義的な流れを反転させることだった。彼の戦略は、資本側のプロパガンダを次々に吐き出すシンクタンクを設立することだった。ピーターーソン国際経済研究所やアメリカン・エンタープライズ研究所などは皆この計画の下に作られた。これらの研究所は、財政赤字がいかに悪いもので、国の債務は時限爆弾のようなものかというプロパガンダを垂れ流した。

さらにパウエルらはメディアの乗っ取りも試みた。フォックスニュースやスカイニュースといった保守系メディアはここから生まれた。教育機関への浸透も図り、大学のカリキュラムや教育プログラムへの影響力を行使した」

──**緊縮財政などせずに、労働者に購買力をつけさせたほうが資本家にとっても都合がいいのではないか。**

「そこが実に皮肉なところであり、資本側の愚かさを示すものでもある。一九六〇年代までは、労働者もある程度の所得があり、購買力があったほうが資本家も含めて皆にとっていいという合意があったが、それが一九七〇年代、八〇年代、特に九〇年代では、失業率の高止まりと賃金の抑制が目立つようになった。問題は、そのような状況で資本主義がどう生き残ったのか、どうやって労働者にモノを買わせたのかということだ。

それは、金融市場の規制緩和によってだった。一九九〇年代になると、世界中で銀行の規制が緩和された。急にわれわれの郵便受けには銀行からの手紙が届くようになり『これがあなたの借入枠です。どうぞ使ってください』という状況が現れた。日本ではそれほどでもなかったが、日本以外の国々では、家計の債務は急上昇した。

労働者に十分な賃金を払う代わりに、資本側は賃上げを抑え、家計が借り入れによって消費を増やすよう仕向けた。もちろん、家計が債務を抱えすぎるとどうなるかというのは二〇〇八年の世界金融危機で見たとおりであり、それは近視眼的な戦略だったわけだが」

**――MMTに基づいて財政赤字を拡大させていくと、ハイパーインフレを引き起こす恐れをさまざまな専門家が指摘している。**

「これもよくある誤解だが、財政赤字の拡大だけでハイパーインフレが起きた例はない。ハイパーインフレの例としては第一次世界大戦後のドイツや、二〇〇〇年代のジンバブエがよく知られるが、ドイツは戦争、ジンバブエは極端な農地改革などの結果、供給力が激しく損なわれていた」

**── MMTの応用として、就業保証（ジョブ・ギャランティー）という仕組みを提唱している。**

「インフレへのオーソドックスな政策対応は、完全雇用をあきらめ、インフレを抑えるための手段として失業を用いるというものだった。政府は緊縮財政をとり、中央銀行は金利を上げることで人為的に不況を作り出し、需要を冷やし、インフレを止めるというのが現在も採用されている教科書的な対応だ。

進歩的な左派にとって、それは恐ろしい話だった。インフレを抑えるために失業を生み出すという発想自体が耐えがたく、なんとか失業率の上昇を避けられる別の方法はないかと考えていたところ、緩衝備蓄雇用（Buffer Stock Employment, BSE）というアイディアにたどり着いた。インフレが進み、これを抑えなければならなくなったときには、政府は支出を減らす。ここまではオーソドックスな対応と変わらない。だが、大きく異なるのは、そこで発生する余剰人員をすべて政府がBSEで雇い入れることだ。その際の賃金は、労働者がきちんと暮らしていける水準に設定した最低賃金で固定する。この仕組みを就業保証と呼んでいる。

これならば、景気を冷やしてインフレを止めるにしても、最大の副作用である失業率の上昇を回避することができる。最低賃金での雇用ならば、ほかの雇い主と競合はしない。民間の雇い主は、需要が回復して人手が必要になれば、最低賃金を上回る賃金を出すことで、いくらでも働き手をBSEから取り戻すことができる。

一九七〇年代のインフレは賃金と物価の相互上昇によって起こされたものであり、失業率が上昇すれば労働側は賃上げ要求をしなくなるため、インフレもコントロールできるとされていた。労働側と資本側で、原油価格の上昇から生じる実質的な収入の減少を押しつけ合う闘争が起きていたと言ってもいい。それは実質賃金がカットされるのか、利益がカットされるのかという闘いだった。

だが、賃金が上がりインフレを招いている民間セクターから、最低賃金という固定価格で雇うセクターに労働力を移すことで、物価は次第にコントロールすることができる。労働者は賃上げを求めることを止め、経営者は利益確保のために値段を上げることを止められるので、価格は安定する。

BSEのアイディアの元になったのは、オーストラリア政府による羊毛買い入れ制度だ。羊毛の供給が需要を上回る際は、政府が余る分を買い入れ、供給が足りなくなるまで倉庫に寝かしておく。そうすることによって羊毛の価格変動を抑えるわけだが、これは労働に関しても応用できるのではないかと考えた」

**——就業保証で雇った人にはどういう仕事をさせるのか。**

「極力、既存の民間や政府の雇用と競合しない職種が望ましい。森林再生や砂丘の固定、河川の流域の浸食防止といった環境・建設事業でもいいし、芸術家ならば巡回パフォーマーとして全国の学校を回ってもいいだろう。

私は近年、毎年京都大学に招かれて京都に滞在しているが、滞在中、毎日見かける光景に、制服を着た男性が駐輪場で自転車を並べるというものがある。駐輪場の中を歩き回り、自転車を整列させる。その人を見下すつもりは毛頭ないが、その人が仕事に満足しているかどうかはわからない。満足していないかもしれない。しかし重要なのは、その人には安定した収入があって、さまざまな支払いをすることができるということだ。それのどこがいけないというのだろうか。それは日本以外の先進国では存在しない仕事だ。他国ならば、一日中駐輪場の中を歩き回って自転車をそろえる仕事など、お金の無駄だと言われるだろう。工事現場で交通を誘導している人たちもそうだ。お金の無駄だと言う人は日本にもいるかもしれないが、どこが無駄なのかと聞きたい。彼らには仕事があり、安定があり、収入が得られる。交通を誘導することにやりがいを感じる人もいるだろう。

重要なのは、私の考えた就業保証は雇用創出のためのスキームではなく、価格安定のためのスキームだということだ。公共セクターで仕事を作り出すことでマクロ経済に安定を取り戻す。政府は賃金という重要な価格の操作を通じて物価水準をコントロールできる」

**——MMTと就業保証の関係は。**

「就業保証がなければ、価格をコントロールする仕組みがなくなってしまい、MMTはインフレを抑えるために失業を生み出さなければならないという古い主流派の考えに後退してしまう。就業保証は追加オプションではなく、政府がさまざまな制約にどう対処していくかを考える上で中心的な政策だ。

マルクス主義者の多くは、緊縮財政を伴うこの構想が気に入らず、私を資本の手先のように言う人々までいる。そんなものは資本主義の弥縫《びほう》策に過ぎないと。

いつか資本主義を終わらせるための最終戦争が起きて、人々が塹壕《ざんごう》を掘り、機関銃を手に取る時が訪れたら、私も必ずそこに加わるだろう。しかしそれまでの間、労働者たちが苦しむのをよそにカフェでラテを飲んでクロワッサンを食べているなんていうことは、私にはできない。革命が起きなくても、少しでも低賃金の労働者たちを助けるアイディアがあるならば、それを提唱して実行を働きかけなければならない」

**——雇用を保証されると、人々が努力して働くのをやめるという懸念はないか。**

「仮に最低賃金が、貧困に陥らなくて済むような水準に設定されていたとしても、それにずっと頼りたい人などいないだろう。政府が目標とすべきは、就業保証で雇用されている労働者をできる限り少なくすることだ。もちろん、実際にはほかで仕事を得ることができず、恒常的に就業保証に頼らざるを得ない人も出てくるだろう。

だが、絶望的な貧困状態に置かないと人々は働かないなどということを私は信じない。人は恐怖ではなく、希望によって動かされるという言葉を信じたい。人々を困窮に追いやれば、その先にあるのは社会不安や慢性的な薬物中毒、犯罪、離婚、メンタルヘルスの問題など、つまり過去四〇年に新自由主義の下で起きてきた問題が繰り返されるだけだ。社会はいま、崩壊の瀬戸際にあるというのが私の見方だ」

× ×

ウィリアム・ミッチェル 一九五二年、オーストラリア・ビクトリア州出身。同国ニューカッスル大教授（経済学）。フィンランド・ヘルシンキ大客員教授も務める。

## まとめ　財政赤字の是非よりも大切なこと

経済政策を考える際、財源は言うまでもなく最も重要な論点の一つだ。財政赤字は許容されるべきなのか、そうでないのか。特に主流派経済学とＭＭＴの論争は、貨幣の起源のような壮大な話にまでさかのぼり、一種の神学論争の様相を帯びる。

神学論争は神学論争として、現実の政策を語る以上、事実に根ざした議論が必要だ。

その際、まず指摘しなければならない事実に、財務省と、見解を共有する経済学者たちが長年警告し続けてきた財政危機は、現在に至るまで起きていないということがある。むしろ、債務残高のＧＤＰ比は世界最大を更新し続けているのに、長期金利（一〇年国債の利回り）は下がり続けてきた。国債を引き受ける金融機関などが、お金がきちんと返ってくるのか疑い始めたら、通常はリスクに応じてより高い金利を要求する。金利の低さは、国債の信用度の裏返しである。

財務省の官僚たちは、オオカミ少年の寓話を好んで口にする。イソップ童話でおなじみの、オオカミの襲来を叫び続けたばかりに村人に相手にされなくなり、最後にはオオカミに

図⑦　長期金利の推移

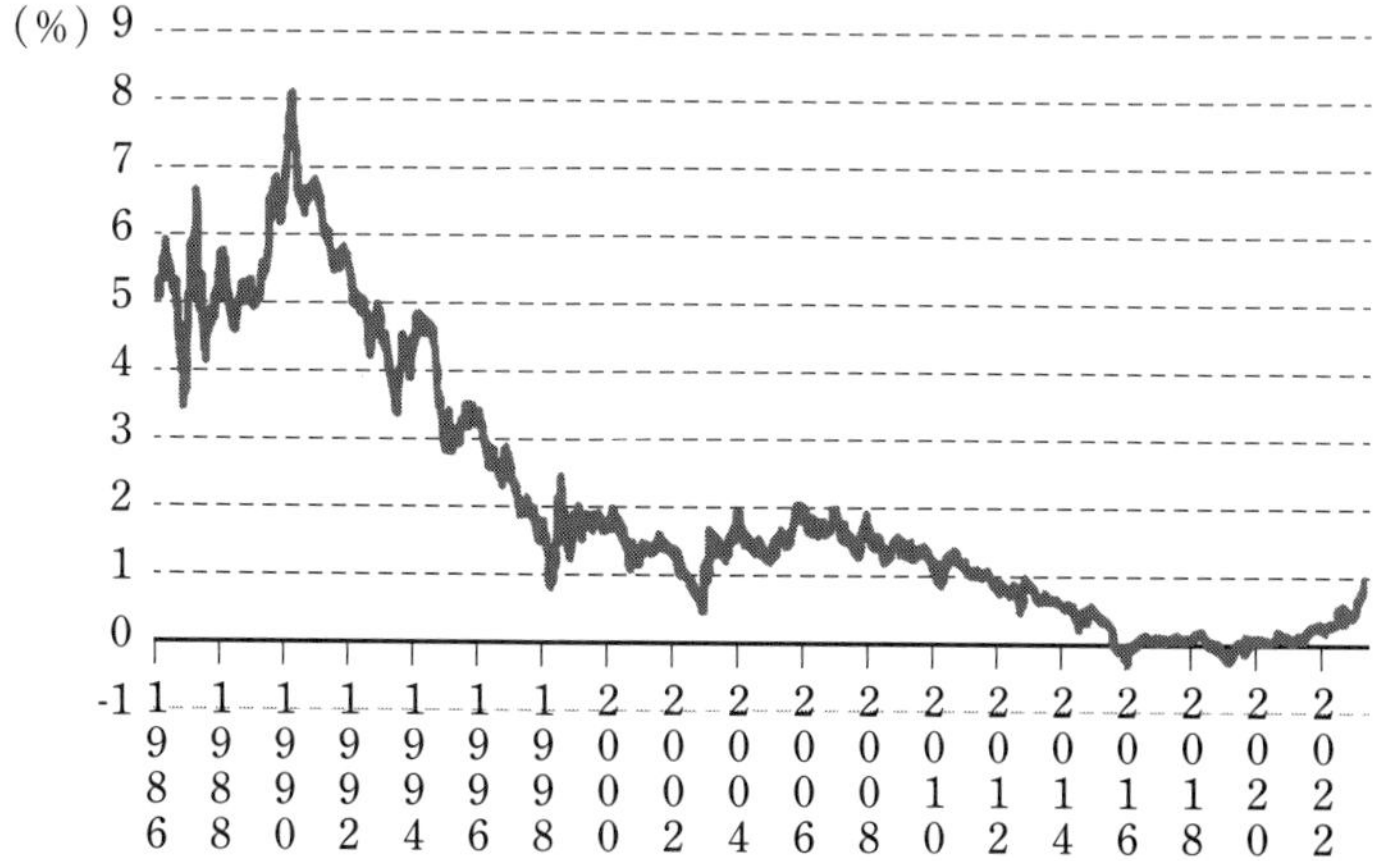


食われてしまう少年の話だ。だが、日本が戦後最初の赤字国債を発行したのは一九六五年。これだけの長きにわたって財政危機が起きると警告しながら、危機は起きていないどころか、逆に金利は下がっている。この事実を謙虚に受け止め、「村人」の無理解を嘆く前に、まずは自分たちの理論の妥当性を冷静に検証し、より現実に即したかたちに修正を図るべきではないだろうか。

一方で、MMT論者をはじめ、積極財政を唱える人々の主張にも、首をかしげたくなるものは多い。たとえば、日本では最も早くからMMTに注目していた論客の一人である評論家で経済産業省官僚の中野剛志は、二〇一九年一〇月の消費税引き上げ（八→一〇パーセント）について、次のように主張していた。

**中野**　二〇一九年の消費増税の影響は、データが出始めています。二〇一九年一〇月〜一二月期で、実質GDPは年率換算で七・一パーセント減と大幅に低下。まだその全貌は見えていませんが、結果は火を見るよりも明らかでしょう。

**――デフレが悪化すると？**

**中野**　当然ですよ。日本全体の総需要に民間消費が占める割合は約六割に上り、民間消費こそが日本経済の最大のエンジンなわけです。消費税によって、そこにブレーキがかかるのですから、需要が抑制され、さらにデフレが促進するのは当然のことです。しかも、二〇二〇年に入ってから、新型コロナウイルスの問題が起きて、さらなる景気悪化が不可避の状況です。「令和恐慌」が起きても、何もおかしくない状況です。（略）たしかに、政府は消費税を八パーセントから一〇パーセントに上げるように、「税率」を上げることはできますが、「税率」を上げたところで、「税収」までも上げることはできません。なぜなら、政府の税収は、経済全体の景気動向に大きく左右されるからです。

（ダイヤモンド・オンライン「中野剛志さんに『ＭＭＴっておかしくないですか？』と聞いてみた」二〇二〇年四月）

図⑧　33ヵ国の財政支出伸び率とGDP成長率の分布
（1997〜2015年の伸び率を年換算）

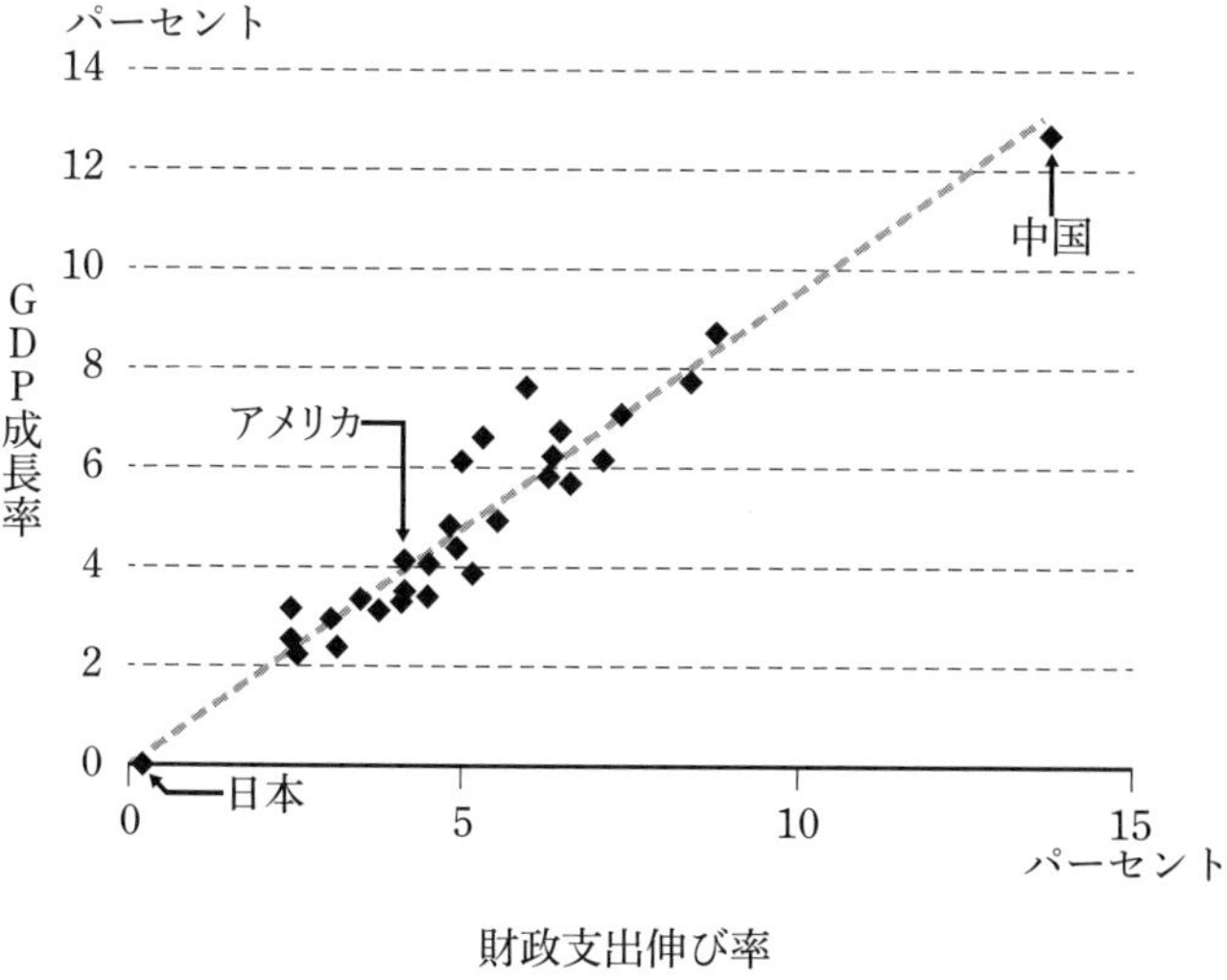


＊データ出所は内閣府及びOECDで、財政支出はGDP統計上の一般政府部門（日本は公的企業含む）の投資及び消費の合計
＊点線は回帰直線「GDP成長率＝0.9466×財政支出伸び率＋0.001」（決定係数は0.9305）を示している

島倉原「緊縮財政国の経済は停滞し、積極財政国の経済は繁栄する」（『表現者クライテリオン』2018年7月号）より転載

だが現実には、物価高や新型コロナ対応の財政支出に支えられてのことではあるが、国の税収は二〇二二年度まで三年連続で過去最高を更新している。ロシアのウクライナ侵略が引き起こしたエネルギー価格や食料価格の上昇も一因だが、デフレ悪化どころか、長らく物価が上がらなかった日本でも、二〇二二年度の消費者物価上昇率は一九八一年以来、

四一年ぶりの上昇率となり、インフレが収束する兆しはまだ見えない。

ＭＭＴ論者たちがしばしば用いるデータに、さまざまな国の財政支出の伸び率とＧＤＰ成長率の相関を示すもの（図⑧）がある。これを見ると「財政支出を増やせば経済成長できる」という結論に飛びつきたくなるのも無理はないが、相関関係については明らかでも、因果関係は何一つ説明できておらず、単に「経済成長している国は財政支出も増やせる」という当然のことを示しているだけの可能性もある。

経済運営上、ハイパーインフレこそが最も避けるべき事態だという見解ではＭＭＴ論者も当然一致している。ＭＭＴ論者たちは、ハイパーインフレは貨幣増発ではなく供給ショックによって起きるとの立場をとることが多い。だが、世界的に最も新しい事例であるジンバブエでも、供給ショックがあったことは間違いないが、どんなに経済の混乱があったとしても、急に国の供給力が一億分の一や一京分の一にまで縮小することはあり得ない。

ハイパーインフレのような異常事態は、やはり本質的には集団的なパニックがさらなるパニックを呼んで起きるとしかいいようがなく、何がそのような群集心理に火をつけるのかを前もって特定し、防止することは不可能だ。

結局のところ、ミッチェル自身も語るように、伝統的な経済学も、ＭＭＴのような異端とされる理論も、どちらが絶対的に正しいかというよりも、どちらの「レンズ」を通して見たほうが現実を整合的に説明できるかということのほうが重要だろう。

また、どのような説を採用するにしても、貧困の撲滅など、目指すべき方向性は変わらない。日本が近い将来に財政黒字を達成する可能性も限りなく低い以上、財政赤字の是非を巡って争い続けるより、一定の赤字は許容しつつ、個々の予算の使い方や制度の在り方に目を光らせたほうが現実的だろう。

さらに言えば、口に出して認めることは絶対にないだろうが、当の財務省も、意識的にせよ無意識的にせよ、財政赤字に対する考え方は少しずつ変わってきている気がする。表向きは財政規律の大切さを訴えながら、実際には毎年巨額の赤字を計上する。これが実際に起きていることであり、それも日本的なひとつの知恵なのかもしれない。大事なのは、そうしてつくり出されたお金を何にどう使うかである。

# 第八章　探る「第三の道」

格差を広げ、環境破壊をやめられない資本主義を修正するさまざまな試みは、抜本的な変化をもたらすには至っていない。まったく別の経済システムなど考えること自体が非現実的だと多くの人が考える最大の理由が、資本主義に代わる経済社会システムとして考察された社会主義の失敗だろう。

全体主義がもたらした人権抑圧や計画経済の非効率さは、多くの人々にとって唯一の受け入れ可能な経済体制として資本主義を不動のものにした。だが、資本主義でも社会主義でもない「第三の道」は、テクノロジーによって可能になるかもしれない。

## 地域通貨

神奈川県鎌倉市に本社を置く唯一の上場企業で、ゲーム開発などを手がけるカヤックの社長、柳澤大輔（四九）は地域通貨にその可能性を見いだす。同社が二〇一九年に「まちのコイン」事業として実証実験を始めた電子マネーは、単なる地域限定の商品券ではなく、お金では測れないものを測る「別の価値の尺度」を提供することを目標に掲げる。

たとえば、海岸のごみ拾いに参加するとコインがもらえ、それを使って市内で収穫された規格外の野菜を買える。「通貨」といっても用途は限定されるが、海をきれいにした上で食品廃棄も防げるなど、単なる財・サービスの交換以上の価値が生まれる仕掛けだ。

柳澤は「違う価値観と言ったところで、最終的に価値を測るツールが法定通貨しかないならば社会は変わらない。別の発想で、今まで測っていなかったものを測る必要がある」と狙いを語る。目指すのは、流通量が増えるほど地域の人間関係が豊かになっていくような新しい「お金」だ。

資本主義を変えるというゴールを山にたとえると「まだ〇・一合目か〇・二合目」。だが「まちのコイン」の利用者は鎌倉市だけで一万人を超え、全国二〇自治体以上で展開するなど、普及への手応えを感じている。

## 一人一株

英ケンブリッジ大などで教壇に立った経済学者で、二〇一五年の債務危機の最中にギリシャの財務相として欧州連合（EU）などとの債務削減交渉に当たったヤニス・バルファキス（六二）が書いた『クソったれ資本主義が倒れたあとの、もう一つの世界』は異色のSF小説だ。

主人公の天才エンジニアがある日、二〇〇八年のリーマン・ショック後に枝分かれしたパラレルワールドへの通信手段を発見することから話は始まる。その世界では株式市場も商業銀行も存在しない。

資本主義の世界では、株主は株の持ち分に応じて企業の重要な決定に関する発言権を持ち、株は原則自由に売り買いできる。だがここでは、社長もその秘書も全員が一人一株のみを持ち、社員の採用や解雇、報酬の額など、すべての意思決定を平等な投票で決める。株の取引は選挙権や子どもを売買するのと同じくらい不道徳とされる。

突拍子もない空想のようだが、これらは実在の企業に着想を得たという。資本主義以外の選択肢は考えられないと主張する登場人物に対し、主人公は「かつては王権神授説もそうだった」と反論する。

株式市場も商業銀行もない世界で、企業はどうやって資金調達するのかという疑問が当然浮かぶが、バルファキスが描く世界では、人は皆、生まれると同時に中央銀行に口座が開設され、国から一定額が「相続」として付与される。これに加えて、ベーシックインカムとして毎月定額が振り込まれるほか、働いていれば給料やボーナスがあり、人はこれらを元手に起業したり、企業に資金を貸し付けたりできる。

さらに、すべての土地は公有化された上で、公営住宅や民間非営利団体（NPO）が入る社会ゾーンと、企業のオフィスビルや通常の賃貸住宅が入る商業ゾーンに分けられる。商業ゾーンから上がる収益で社会ゾーンを整備する仕組みとなっている。

## AIとベーシックインカム

地球上の全人口に対し、希望すれば誰にでも暗号資産（仮想通貨）を無償配布する——。そんな野心的なプロジェクトがアメリカ発で始まっている。しかも、仕掛け人は今、世界で最も注目される人物の一人、オープンAIの最高経営責任者（CEO）、サム・アルトマンだ。

まるで人間と会話しているような自然さで、人間ではあり得ない知識の幅とスピードでどんな質問でも答えを返す生成AI（人工知能）「チャットGPT」を世に出して時代の寵児となったアルトマンは、AIの開発と並行して、すべての人に現金を給付するユニバーサル・ベーシックインカム（UBI）の実験も行ってきた。

二〇一六年にはカリフォルニア州サンフランシスコの隣町オークランドで一五〇万ドルを投じ、三〇～五〇人に対し、月二〇〇〇ドル（約三〇万円）ないし一五〇〇ドルを支給する実験を実施すると発表。民間資金でこうした実験をするところがアメリカ的だが、AI企業のトップがUBIを推進する理由とは何か。

アルトマン自身は二〇一六年一月のブログで、実験の狙いをこう説明した。

（ベーシックインカムの研究は）早く始めたほうがいいと思われる。将来、テクノロジーが伝統的な職業を消滅させ続け、巨額の新しい富が生み出される過程で、いずれかの時点で、全国規模でベーシックインカム的な制度が登場することはほぼ間違いないだろう。

ならば今のうちに、理論的な問題に答えを出しておいたほうがいい。（ベーシックインカムがあれば）人々は何もせずテレビゲームばかりやるようになるのか、それとも新しいものを創造するのか？　人々は充実感を感じ、幸福でいられるのか？　飢える恐れがなくなれば、人々はより多くのことを成し遂げ、社会に貢献できるようになるのか？　受給者たちは全体として、受け取る以上の経済的な価値を作り出すことができるのか？

この時点でアルトマンはＡＩに明示的に言及したわけではないが、ＡＩは既にさまざまな職種で雇用条件の悪化や失業を生み出しており、その勢いは今後ますます加速するだろう。その際の一種の生活保障としてＵＢＩが構想されていることが先の文章からもわかる。

## 暗号資産との融合

二〇二一年に入り、構想はさらにＳＦ的になる。ＵＢＩで配る「お金」を、法定通貨ではなく、アルトマンらが立ち上げた暗号資産「ワールドコイン」とする計画が公表されたのだ。それによると、ワールドコインの運営を担うワールドコイン財団や関連企業は、「オーブ」と呼ばれる球体状の網膜スキャナを既に開発しており、世界中に配備を始めている。ワールドコインの受け取りを希望する人は、「オーブ・オペレーター」と呼ばれる登録係に連絡を取り、オーブを使って直接、瞳をスキャンしてもらわなければならない。瞳孔の外側を取り囲む虹彩と呼ばれる部分は一人一人パターンが異なり、生涯不変とされているため、本人確認に適している。

虹彩を本人確認に用いるのはＡＩの発達により、一人の人間がネット上ではいくらでもフェイク・アカウントを作り、何重にも受け取ることができてしまうためだ。ワールドコイン財団は、現状ではほかに方法がないとしてオーブを通じてのみ本人確認をするとしている。プライバシー保護のため、虹彩は氏名をはじめとする本人情報とは結び付けないと主張する。

さらに財団は、暗号資産の配布だけでなく、ネット上の投票でもこの仕組みを使えば不正投票を防げるとして、さらなる活用に意欲を見せている。オーブは現在、日本国内では東京・渋谷などに登録拠点があり、その数は増え続けている。

## 数秒で登録

二〇二四年一月の平日夕方、ショッピングの若者などでごった返す渋谷の街に、オーブの登録拠点を訪ねてみた。比較的新しい雑居ビルに入るシーシャ（水タバコ）・バーが拠点となっており、照明を落とした店内にはうっすらと水タバコの甘い香りが漂う。店内のテーブルに陣取る三〇代半ばくらいの男性が、オペレーターのようだった。

さっそく登録を済ませようとする男性に、まず個人情報がどうやって保護されるか教えてほしいと頼むと、「そもそも私たちはあなたの名前すら尋ねません」という答えが返ってきた。たしかに、こちらは自分のスマホにワールドコイン用のアプリをインストールするだけで、その際も名前や生年月日といった個人情報の入力は一切求められなかった。

初めて見るオーブはバレーボールくらいの大きさで光沢のある黒い球体で、それ自体が眼球のようだ。黒目に相当する部分をのぞき込むよう指示され、静止すること数秒。あっけなく登録は終了した。男性によると、オーブは虹彩のパターンや目、顔のかたちだけではなく、サーモグラフィーを使って体温からもこちらが人間であることを確認しているという。

こちらの素性や属性を聞かれることは最後までなかったが、スマホにアプリを入れている以上、こちらの個人情報を抜き取り、虹彩データとひもづけることは、やろうと思えば技術的には十分可能だろう。スキャンした虹彩データは保管されるか破棄するかを選ぶことができ、迷わず破棄を選択したが、これも確認する手だてはない。

もしかしたら、自分は個人の識別情報という極めて重要なデータを不用意に手放してしまったのかもしれない――。不穏な想像とともに、再び雑踏の中へ出た。手元のアプリには、さっそく「ウェルカムグラント」と称して一〇ワールドコイン（約四〇〇〇円相当）が入っていることになっていた。

## その先に待つものは

ＡＩが雇用を奪っていくのは避けられない以上、ＡＩが生み出す莫大な利益を使って、誰もが最低限以上の暮らしをできるようなＵＢＩ制度の確立を目指し、手始めとして暗号資産を希望者全員に配る。この構想を聞いて、あなたは希望のある話だと思うだろうか。それとも一部の企業や経営者が社会を支配するディストピア（暗黒世界）的なものをそこに感じてしまうだろうか。

現状の筆者の直感的な反応は後者である。まず、暗号資産そのものの成り立ちとして、法定通貨よりもさらに価値の裏付けが乏しいため、新たに暗号資産を発行する主体は、どんなに広く薄くでもとにかく利用者を増やし、流通させる必要がある。つまり、法定通貨はまだ、軍隊や警察、徴税機関という強制力を持つ政府が後ろ盾になっているが、暗号資産に関しては、そうしたものもない。価値があると皆が思うから価値が出るという、最も純粋な信用で成り立っている。ベーシックインカム云々というのは、普及のための単なるストーリーである可能性がどうしても否定しきれない。言うまでもなく、普及すれば最も儲かるのは、発行主体である。

アルトマンらは純粋に人類の幸福を願って計画を進めている可能性もある。だが暗号資産は、その交換所大手だったFTXトレーディングの創業者サム・バンクマンフリードによる巨額詐欺事件をはじめ、これまでも数々の犯罪の舞台となっており、素直に信じるのは人がよすぎるというものだろう。

また、仮にAIが多くの雇用を奪い、その分の富が限られた少人数にどんどんたまっていくことがあるとすれば、それこそそのときは政府の出番である。政府が税による所得再分配を使って、皆に一定の生活を保障しなければならない。いくら政府が信用ならないからといって、民間の団体や企業が所得再分配を行うというのは、それ自体が民主主義や法治主義の否定につながりかねない危うさを感じてしまう。

ベーシックインカムは、バルファキスのような左派によっても提唱されているが、新自由主義的な人々の一部からも、年金や生活保護などの社会保障を置き換えるという文脈で支持されており、既存のセーフティーネットの縮小にも使われかねない。竹中平蔵も支持者の一人である。

ＡＩが世の中を大きく変えようとしているのは間違いない。その立て役者の一人であるアルトマンが経済そのものの仕組みを変えかねない壮大な実験を進めている。賛否にかかわらず、その行く末は注目に値する。

## 「テクノ封建主義に対抗を」　元ギリシャ財務相　ヤニス・バルファキス

**――経済学者としては異色のSF小説『クソったれ資本主義が倒れたあとの、もう一つの世界』(原題 *Another Now*) で〝資本主義が崩壊した後〟の世界を描いた。**

「もともとSF小説は好きだったが、自分自身でSFを書く予定はなかった。『父が娘に語る美しく、深く、壮大で、とんでもなくわかりやすい経済の話。』を出版したときは、私の政敵も含めていろいろな人が書評を書いてくれて、うれしいことにどれも好意的な反応だった。だが、常にあった批判として『資本主義のことはよくわかったが、それがいやだからといってほかに選択肢があるのか』というものがあった。

どうやったら別の方法で世の中を動かすことができるのか。資本主義を批判する者にとってはそれこそが重要な問題だ。マルクスですら、社会主義が実際にどのようなものであるべきかの青写真を示すことはなかった。マルクスは常にその問題を避けていたが、それはその問題が大変難しいものだからにほかならない。それは、資本と労働、利益と賃金、そして生産手段を持たない労働者階級と生産手段を所有する資本家階級の区別なくしてどうやって世の中が動くかを説明するようなものだ。

私がもっと若かったころは、日々の営みに集中するほうが大事だと思っていた。だが、私も齢《とし》をとりつつある。どうやったら別の方法で世の中を動かせるのかという質問から逃れ続けることはできない。ならば、民主主義的な社会主義がどのように成り立つのか、青写真を示そうと思ったんだ。ところが、始めてまもなく無理だと悟った。何か新しいアイディアを思いつくたびに、自分の中でそれに反対する自分がいたからだ。

ヤニス・バルファキス元財務相

貨幣はどのようにして管理されるべきか、国際貿易はどうあるべきか、そのようなことを考えているうちに、気が付いた。それを書く唯一の方法は小説だと。小説の登場人物たちに議論させることで、自分の頭の中でぶつかりあっている異なる見方を書くことができる。それがフィクションにした理由だ。

なぜそれがＳＦだったのか。それ

は、未来についての小説にしたくはなかったからだ。私にとってSFは未来ではなく、現在を扱うものだ。それは今とは違う現実を想像してみることで、われわれ自身の発想を広げる一つの試みと言ってもいい。われわれが既に持っている技術や、個人としての欠点、弱さといったものを前提に実現できるものでなくては、物事を変えることなどできない。『スタートレック』シリーズに出てくるような技術ではなく、いまの技術、現実の制約の中でのパラレルワールドの物語を書く必要があった。それが『クソったれ資本主義～』という作品になったというわけだ」

**――作品にはどんな批判が寄せられたか。**

「批判の一つは、ストーリー、筋書きが好きではないというもの。また、左派的な観点からは、一人一票の議決権や、中央銀行から全員に配られるベーシックインカムという私のアイディアがリベラルすぎて、無政府主義的すぎる、つまり十分に共産主義的でないという批判もあった。彼らにとっては、あの小説の中では国家の果たす役割があまりないということがリベラルすぎたのだろう。

興味深いことに、私が小説の中で示した制度や仕組みについての批判は主に共産主義者から寄せられており、右派やリベラリストからの批判は、全員に土地を分配するといったアイディアも含めて批判は出なかった」

**――作中で描いた社会の仕組みは実現可能だと考えるか。**

「もちろんだ。そうでなければ書いていない。ここに書かれている考えは現実的だと強く信じている。たとえば、小説に出てくる『コーポ・サンディカリズム』(企業組合主義)と名付けられた企業の形態は、ヒエラルキー的な経営の代わりに、一人一票の議決権を持ち、自分たちで自分たちを管理するというものだ。これは私が二〇一一年から二〇一二年にかけて勤めていたアメリカ・ワシントン州ベルビュー(シアトル郊外)のゲーム会社から着想を得た。三三〇人社員がいて、一二億ドルの売り上げがあって非常に成功していたが、フラットな組織で、一人一票で物事を決めていた。

これはほぼ、作品中で登場人物のコスタが働いている企業そのものだ。自分の体験から、技術的に進んだ企業では、ボスは必ずしも必要ないことがわかった。どのチームに加わってどのプロジェクトの仕事をするかは自分で決めることができる。実際にそのような組織形態が機能しているのを見るのは衝撃的な体験だったが、これは実はほとんどの企業に応用可能なんじゃないかと気付いた。本の中ではそれに、社会的意義指数といったものを付け加え、経営監視が働くようにしたが、これらは単なる空想の産物ではない。

また、中央銀行がブロックチェーン技術を使い、国民一人一人にデジタルウォレットを作っている様子について描いたが、これは既に中国で起きている。デジタル人民元は分散台帳技術を使って人々が口座を持つことを可能にしている。その口座にベーシックインカムを給付することを阻むものは技術的には何もない。明日にでもできることだ。私自身はビットコインや民間の暗号資産に対しては激しく批判的な立場だが、社会的、民主的に管理された民主的暗号資産があるとすれば、それはまったく別問題だ。

それはまだ実現していないが、技術は既にある。暗号資産の冬ともいうべき現在の価格低迷が示すのは、暗号資産の私的所有やマフィアのような（限られた仲間内だけで利益を得る）使用法が問題なのであって、暗号資産の技術そのものが問題なのではないということだ。土地を社会的ゾーンと商業的ゾーンに分けるのも大いに現実的で、実際に世界中で導入されている。商業的ゾーンでの地代を社会的ゾーンでの公共住宅建設への投資に利用できれば、それは素晴らしいことだ。

世界通貨〝コスモス〟を導入し、すべての国際貿易をそれで行うというアイディアはもともとケインズが一九四四年に発表したものであり、私はそれを借用したに過ぎない。私が描こうとしたのは、すべての要素が現実に根ざしたユートピアの姿だ。それが実現すると予想しているわけではないが、ジグソーパズルのすべてのピースを現実的なものにしたかった」

**――ベーシックインカムなどを実現するのに、政府に財政的な制約はないと主張する現代貨幣理論（ＭＭＴ）は有効だと思うか。**

「好意的に見てはいる。ただ、私は幅広い理論に通暁しようと試みる経済学者だ。すべての経済理論は間違っているというのが私の信念で、すべての経済モデルは（モデルである以上）定義上、現実を正確に反映していない。われわれはすべての経済理論から、この世界を理解し、改善するのに役立つ要素を選んで取り入れなければならない」

**――経済的な成功を手にできない世界になれば、経済のダイナミズムは失われてしまわないか。**

「その世界でも所有権を主張することはできる。私とあなたに素晴らしいアイディアがあれば、公共台帳から資金を引き出し、起業することを妨げるものは何もない。

それは株式ではなく、融資のかたちを取る。私たちが経営者であることは変わらないが、違いは、誰かを雇えばその人も共同経営者になるということだ。労働者を雇うことはできず、働く人は皆共同経営者となるが、それは全員が同じ収入を得るということではない。私のコーポ・サンディカリズム・モデルでは、ボーナスがあるので、人々の所得は大きく差がつく可能性がある。ただ、それでも一人が他の人より多くの株式を得ることはできない。

賃金は毎年、民主的な投票によって承認を得る必要がある。この構造は客観性、透明性を高めるものであり、現在ある仕組みよりはるかにリベラルなものだ。たとえばメタ（旧フェイスブック）などがやっているように、自分たちを脅かす可能性のある優れた技術を持った企業を買収し、そのまま放置して技術が世の中に出回るのを阻止したりするようなことはできなくなる。私が描いた世界では、事業に加わることはできるが、議決権は一票しか持つことができない。

また、イノベーションは必ずしも金銭によって動機づけられているのではない。イーロン・マスクはお金が欲しくて二四時間働いているわけではないだろう。彼がそうするのは、そうせずにはいられないからだ。芸術家のようなものだ。優れた芸術家は、優れた作品を生み出すのを止めることができない」

**——新自由主義への巻き返しが世界で起きている。新自由主義は終わったのか。**

「いや、これからの変化はもっと激しいものになるだろう。金融の完全な自由化に必要だったイデオロギーが新自由主義であり、これが二〇〇八年の金融危機を招いたわけだが、私の見方では、資本主義はこの危機から完全には回復していない。今世界で起きているインフレも、日本が苦しんだデフレも、すべては二〇〇八年の危機の異なる断面に過ぎない。社会主義が一九九一年に死んだように、資本主義の死も二〇〇八年に始まっている。世界は私がデジタル封建主義と呼ぶ、さらに極端な富の集中や、少数企業が持つ技術への隷属に取って代わられつつある。

私や(米経済学者の)スティグリッツのような人たちへの注目が増しているとしたら、

人々はいま、一つの時代が終わろうとしていることを深層意識で理解しているからだろう。私が考えるには、これは新自由主義の終わりではなく、資本主義そのものの終わりだ。共産主義者の友人たちの中には『資本主義が死につつあるなら、社会主義の勝利だ』と言う人もいるが、それは間違っている。より恐ろしいものが勝ちつつある。技術的にとても進んだディストピア・バージョンの封建主義だ。

これは特に日本のような国にとっては激しい不安定をもたらすだろう。日本は工業国であり、ものづくりが中心で、物理的な基盤に依存しているからだ。残念ながら、製造業における資本家すら、アマゾンのような企業には従属していくことになるだろう。一握りの多国籍企業に富が集中し、経済全体としての需要は減っていく。日本のような工業国にとっては、マクロ経済の不安定さはさらに高まるだろう」

**——テクノ封建主義への抵抗はどうしたら可能なのか。**

「それは一人一人が自ら考え、答えを出さなければならない問題だ。

私にとってそれは政治の世界に入り、国境を越えた政治運動を起こすことだった。サンダース米上院議員や私が関わっている地球規模のキャンペーン『メイク・アマゾン・ペイ』(アマゾンに支払わせろ)はほんの一例だ。テクノ封建主義ではなく、テクノ民主主義を目指さなければならない」

× ×

ヤニス・バルファキス　一九六一年ギリシャ生まれ。二〇一五年一～七月、ギリシャ財務相として、財政危機の中、欧州中央銀行（ＥＣＢ）や国際通貨基金（ＩＭＦ）といった債権者との交渉の矢面に立った。現在は欧州連合（ＥＵ）各国にまたがる国際政党リーダーとしてギリシャの国会議員も務める。『父が娘に語る　美しく、深く、壮大で、とんでもなくわかりやすい経済の話。』は日本でも二六万部を超すベストセラーになった。

## まとめ 人類の「分かち合う本能」への希望

バルファキスが語るように、二〇〇八年の世界金融危機で資本主義そのものが死んだのかどうか、筆者にはわからない。そうだとしても、一つの支配的な経済システムが完全に死んで別のものに置き換わるには、人の一生よりも長い時間がかかるのかもしれない。

また、資本主義の先に来るものがより良いものになるという保証もない。この先人類を待ち受けるのは、AIが多くの雇用を奪い、大多数の人々はベーシックインカムを受け取って最低限の生活を受け入れる未来なのかもしれない。労働という重要な社会参加の手段を奪われた人々は、政治的な関心も対話する意欲もなくし、プーチンや習近平、トランプといった独裁者による支配に抵抗して立ち上がる気力も残っていないかもしれない。

だがもちろん、その未来は運命づけられたものではない。その流れに抵抗し、別の未来を作り出すことはまだ可能だ。

本書の締めくくりに、筆者が最近見てきた（と思っている）別の未来の話を紹介したい。

毎年夏、アメリカ・ネバダ州の砂漠で開かれている音楽やアートなどのイベント「バーニングマン」だ。水も電気もない広大な砂漠に一週間限りの仮設都市が出現し、八万人近い人々が踊ったり対話集会に参加したり、あるいは地平線から上る太陽や月を言葉もなく見つめたりと、要は思い思いに楽しみながら過ごす。

それだけなら通常の音楽フェスティバルと変わらないようにも聞こえるが、このイベントが実に独創的なのは、ほぼすべての金銭取引を禁止していることだ。主催者は土地とトイレなどのインフラを用意するが、建物やライブ会場から、食べ物や飲み物まで、すべては与え合いの精神に基づき、参加者がめいめいに持ち寄り、無料で提供し合う。

筆者は二〇二三年の夏に初めて行ったが、正直自分の目で見るまでは「与え合い」で成り立つ何万人もの経済がどういうかたちをとるのか、想像もできなかった。原始時代や南方の小島でならいざ知らず、ここは強欲資本主義の本拠地、アメリカである。

ところが、たしかにあったのだ。それぞれが自らの財力に応じて貢献し、分け合う世界が。約一六平方キロメートルと、東京都渋谷区や中野区よりも大きい区域内には大小さまざまなライブ会場やバーが点在し、大きいライブ会場になると、数千人の観客を収容でき、世界的に有名なDJが出演する。当然、音響、照明やバーの接客係など、相当な数のスタッフが必要になるが、バーニングマンではスタッフに人件費を支払うことも禁じられている。すべてがボランティアなのだ。

2023年８月、米国ネバダ州にて。バーニングマンの会場中心部にある私設郵便局。葉書や切手も売り物ではなく、贈り物として与えられる。

大きいライブ会場は設営だけで相当なお金がかかるが、それらもすべて寄付。バーニングマンはテスラ創業者のイーロン・マスクやフェイスブック（現メタ）創業者のマーク・ザッカーバーグをはじめ、億万長者たちも参加することで知られ、少なくない金額を拠出しているのだろう。もちろん、何も持たずにバックパック一つで現れても、すべての恩恵は皆が同じように受けられる。

単身で参加している人たちの多くは、手作りのアクセサリーなどを人にあげるギフトとして持ってきている人が多かった。それらは通常、物々交換ではなく、人に与えることもあれば、別の人から与えられることもあるという贈与の輪が完成している。

もちろん、これはフェスという閉じた空間の中だけで同好の士が集まっているからこそ実現可能なのかもしれない。しかし、八万人といえばちょっとした地方都市の人口だ。きっと人間には、奪い合う本能と同時に、分かち合う本能もあるに違いない。現地で会ったアメリカ人の老婦人が語った「ここに来ると、ほかのどんな場所よりも人類への希望が感じられるの」という言葉が忘れられない。

## 【参考文献】

井手英策『いまこそ税と社会保障の話をしよう！』東洋経済新報社、二〇一九年
井手英策『どうせ社会は変えられないなんてだれが言った？　ベーシックサービスという革命』小学館、二〇二一年
ヨルゴス・カリス他『なぜ、脱成長なのか　分断・格差・気候変動を乗り越える』NHK出版、二〇二一年
岸本聡子『水道、再び公営化！　欧州・水の闘いから日本が学ぶこと』集英社新書、二〇二〇年
岸本聡子／オリビエ・プティジャン編『再公営化という選択　世界の民営化の失敗から学ぶ』堀之内出版、二〇一九年
木下武男『労働組合とは何か』岩波新書、二〇二一年
斎藤幸平『人新世の「資本論」』集英社新書、二〇二〇年
斎藤幸平『ゼロからの『資本論』』NHK出版新書、二〇二三年

ジョセフ・E・スティグリッツ『スティグリッツ PROGRESSIVE CAPITALISM』東洋経済新報社、二〇一九年
橋本健二『新・日本の階級社会』講談社現代新書、二〇一八年
橋本健二『中流崩壊』朝日新書、二〇二〇年
原丈人『「公益」資本主義』文春新書、二〇一七年
ヤニス・バルファキス『クソったれ資本主義が倒れたあとの、もう一つの世界』講談社、二〇二一年
ヤニス・バルファキス『父が娘に語る 美しく、深く、壮大で、とんでもなくわかりやすい経済の話。』ダイヤモンド社、二〇一九年
デイヴィッド・ピリング『幻想の経済成長』早川書房、二〇一九年
レベッカ・ヘンダーソン『資本主義の再構築 公正で持続可能な世界をどう実現するか』日本経済新聞出版、二〇二〇年
堀内都喜子『フィンランド人はなぜ午後4時に仕事が終わるのか』ポプラ新書、二〇二〇年
ジョン・マクドネル編『99%のための経済学 コービンが率いた英国労働党の戦略』堀之内出版、二〇二一年
水野和夫『資本主義の終焉と歴史の危機』集英社新書、二〇一四年

ウィリアム・ミッチェル／トマス・ファシ『ポスト新自由主義と「国家」の再生　左派が主権を取り戻すとき』白水社、二〇二三年
柳澤大輔『鎌倉資本主義』プレジデント社、二〇一八年
L・ランダル・レイ『MMT　現代貨幣理論入門』東洋経済新報社、二〇一九年

# おわりに

「ルーティーン仕事はすべて免除するから、資本主義と正面から向き合う連載をやらないか」

私の所属する共同通信の宮野健男経済部長（当時）からこう持ちかけられたのは、コロナ禍の最中の二〇二一年初めだったと記憶している。私はいわゆる記者クラブ持ちの「現場」を卒業して経済部デスクになって一年足らず。再び書く仕事に戻れることには素直にうれしかったが、えらく壮大なテーマを与えられたものだな……というのも正直な感想であった。

もちろん、もともと私なりに資本主義について思うところは大いにあった。今では新自由主義として総称されることが一般的になった、強い者にのみ有利な経済の在り方を、なぜメディアも無批判に受け入れるのかという疑問は、経済記者としての年数を重ねるごとにどんどん自分の中で大きくなっていた。ただ、これまで資本主義について体系的に考えをまとめるということは正直、考えたこともなかった。連載は最初に大まかな構成こそ考えたが、実際には走りながら考える作業となった。本書には登場しなかった方々も含めて多くの人に話を聞くことで、そうした作業は可能となった。協力していただいたすべての方に、この場を借りてお礼を申し上げたい。

宮野氏には宮野氏の構想があったと思うが、最初に「資本主義」という大上段のお題を出した後は、ありがたいことにこちらの企画の内容にはまったく口出しせず、書き上がった原稿だけをデスクとして読み、時には厳しく、そして毎回実に的確な指摘を返してくれた。本書はこうして二〇二二年の一月から一二月まで毎月共同通信が配信し、地方紙一七紙に掲載された連載「資本主義の先に」が底本となっているが、この連載は宮野氏の「無茶振り」と熱心な指導なくして世に出ることはなかった。

結局、資本主義と称されるものの実像にどこまで迫れたのか、ましてやそれに代わるべきビジョンを提示できたのかは、甚だ心許ない。しかし、理論先行ではなく、なるべく個々の現場や事例から向き合う記者ならではの企画にすることには心を砕いたつもりだ。貿易や国際金融システムなど、本来射程に収めるべきだが力が及ばなかったテーマもある。だが「そんなことでは到底ダメだ」という批判も含めて、本書がこの先も長く続くであろう「資本主義の先」を巡る議論を喚起することに少しでも役立つならば、本望だ。より良い未来は一人一人が自分事として考え、行動することによってしか生まれない。

本書で提案したような変化が実現したとき、その経済システムはまだ資本主義と呼ばれているだろうか。できることなら、何か新しい素敵な名前が付けられてほしいものである。
最後に、本書は最愛の娘Hに捧げる。君が見られたかもしれない未来のために、この本を書きました。

二〇二四年春

井手《いで》壮平《そうへい》

**井手壮平**

1975年東京都生まれ。慶應義塾大学総合政策学部卒。98年共同通信社に。ロンドン特派員、経済部日銀キャップなどを経て2021年から編集委員兼論説委員。著書に『サラ金崩壊―グレーゾーン金利撤廃をめぐる300日戦争』(早川書房)、編著に『ノーベル賞の舞台裏』(ちくま新書)などがある。日米リーダーシップ・プログラム(USJLP)フェロー。

講談社+α《プラスアルファ》新書　874-1 C

**世界《せかい》の賢人《けんじん》と語《かた》る「資本主義《しほんしゅぎ》の先《さき》」**

井手壮平《いでそうへい》 

2024年3月18日第1刷発行

発行者―――森田浩章

発行所―――株式会社 講談社

東京都文京区音羽2-12-21 〒112-8001

電話 編集(03)5395-3522

販売(03)5395-4415

業務(03)5395-3615

デザイン―――鈴木成一デザイン室

カバー印刷―――共同印刷株式会社

印刷―――株式会社新藤慶昌堂

製本―――牧製本印刷株式会社

定価はカバーに表示してあります。

落丁本・乱丁本は購入書店名を明記のうえ、小社業務あてにお送りください。

送料は小社負担にてお取り替えします。

なお、この本の内容についてのお問い合わせは第一事業本部企画部「+α新書」あてにお願いいたします。



Printed in Japan

ISBN978-4-06-535070-6

## 講談社＋α新書

**夫のトリセツ**　黒川伊保子
話題騒然の大ヒット『妻のトリセツ』第2弾。夫婦70年時代、夫に絶望する前にこの一冊
935円 800-2 A

**夫婦のトリセツ　決定版**　黒川伊保子
大ベストセラー『妻トリ』『夫トリ』を超えて。「夫婦の病」を根治する、究極の一冊
968円 800-3 A

**子どもの脳の育て方**　AI時代を生き抜く力　黒川伊保子
自己肯定感の高い脳がAI時代を生きる鍵になる。わが子の脳の力を阻害しない子育ての実践
990円 800-4 A

**世界の常識は日本の非常識　自然エネは儲かる！**　吉原　毅
新産業が大成長を遂げている世界の最新事情を紹介し、日本に第四の産業革命を起こす一冊！
946円 801-1 C

**人生後半こう生きなはれ**　川村妙慶
人生相談のカリスマ僧侶が仏教の視点で伝える、定年後の人生が100倍楽しくなる生き方
935円 802-1 A

**明日の日本を予測する技術**　「権力者の絶対法則」を知ると未来が見える！　長谷川幸洋
ビジネスに投資に就職に!!　6ヵ月先の日本が見えるようになる本！　日本経済の実力も判明
968円 803-1 C

**人が集まる会社　人が逃げ出す会社**　下田直人
従業員、取引先、顧客。まず、人が集まる会社をつくろう！　利益はあとからついてくる
902円 804-1 C

**志ん生が語る　クオリティの高い貧乏のススメ**　昭和のように生きて心が豊かになる25の習慣　美濃部由紀子
NHK大河ドラマ「いだてん」でビートたけし演じる志ん生は著者の祖父、人生の達人だった
924円 805-1 A

**精　日**　加速度的に日本化する中国人の群像　古畑康雄
日本文化が共産党を打倒した!!　対日好感度も急上昇で、5年後の日中関係は、激変する!!
946円 806-1 C

**6つの脳波を自在に操るNFBメソッド**　たった1年で世界イチになるメンタル・トレーニング　林　愛理
スキージャンプ年間王者・小林陵侑選手も実践。リラックスも集中も可能なゾーンに入る技術!!
968円 807-1 B

**古き佳きエジンバラから新しい日本が見える**　ハーディ智砂子
遥か遠いスコットランドから本当の日本が見える。ファンドマネジャーとして日本企業の強さも実感
946円 808-1 C

表示価格はすべて税込価格（税10%）です。価格は変更することがあります

## 講談社＋α新書

**ＥＳＧ思考** 激変資本主義１９９０—２０２０、経営者も投資家もここまで変わった
夫馬賢治
世界のマネー３０００兆円はなぜ本気で温暖化対策に動き出したのか？　話題のＥＳＧ入門
968円 827-1 C

**超入門カーボンニュートラル**
夫馬賢治
カーボンニュートラルから新たな資本主義が誕生する。第一人者による脱炭素社会の基礎知識
946円 827-2 C

**内向型人間が無理せず幸せになる唯一の方法**
スーザン・ケイン　古草秀子 訳
成功する人は外向型という常識を覆した全米ミリオンセラー。孤独を愛する人に女神は微笑む
990円 828-1 A

**トヨタ チーフエンジニアの仕事**
北川尚人
ＧＡＦＡも手本にするトヨタの製品開発システム。その司令塔の仕事と資質を明らかにする
968円 829-1 C

**ダークサイド投資術** 元経済ヤクザが明かす「アフター・コロナ」を生き抜く黒いマネーの流儀
猫組長(菅原潮)
恐慌と戦争の暗黒時代にも揺るがない「王道の投資」を、元経済ヤクザが緊急指南！
968円 830-1 C

**カルト化するマネーの新世界** 元経済ヤクザが明かす「黒い経済」のニューノーマル
猫組長(菅原潮)
投資の常識が大崩壊した新型コロナ時代に、元経済ヤクザが放つ「本物の資産形成入門」
968円 830-2 C

**シリコンバレーの金儲け**
海部美知
「ソフトウェアが世界を食べる」時代の金儲けの法則を、中心地のシリコンバレーから学ぶ
968円 831-1 C

**認知症の人が「さっきも言ったでしょ」と言われて怒る理由** ５０００人を診てわかったほんとうの話
木之下徹
認知症一〇〇〇万人時代。「認知症＝絶望」ではない。「よりよく」生きるための第一歩
968円 832-1 B

**成功する人ほどよく寝ている** 最強の睡眠に変える食習慣
前野博之
記憶力低下からうつやがんまで、睡眠負債のリスクを毎日の食事で改善する初のメソッド！
990円 833-1 B

健康本２００冊を読み倒し、自身で人体実験してわかった **食事法の最適解**
国府田淳
これが結論！　ビジネスでパフォーマンスを２４０％上げる食べ物・飲み物・その摂り方
990円 834-1 B

**なぜネギ１本が１万円で売れるのか？**
清水寅
ブランド創り、マーケティング、営業の肝、働き方、彼のネギにはビジネスのすべてがある！
968円 835-1 C

表示価格はすべて税込価格（税10％）です。価格は変更することがあります